Huub Oosterhuis
Leben von Tag zu Tag

Huub Oosterhuis

Leben von Tag zu Tag

Neue Gebete, Texte und Lieder

Aus dem Niederländischen
von Birgitta Kasper-Heuermann
und Annette Rothenberg-Joerges

BENZIGER

Die Texte *Vorwort, Geistesverwandt, Das Lied von der Erde, Die gesungene Vision, Leben von Tag zu Tag, Erster und Letzter* sowie *Leben nach dem Tod* wurden übersetzt von Annette Rothenberg-Joerges, die Texte *Ich – dein Freund, Ist die Bibel ein Buch für die Jugend?, Die Kraft, die von ihm ausging, Die Geschichte eines Lebenden, Missa Solemnis* und *Der Mund, der singt – das Herz, das empfängt* von Birgitta Kasper-Heuermann.

Umschlaggestaltung:
Bärbel Rhades

ISBN 3-545-20119-8

Inhalt

Vorwort

Die Lieder und Gebete von Huub Oosterhuis (geboren 1933) haben seit Beginn der sechziger Jahre die liturgische Praxis in den Niederlanden nachhaltig geprägt. Viele, denen die Glaubenssprache, die sie von Kindheit an gelernt hatten, fremd geworden war, haben in Oosterhuis' liturgischer Dichtung wieder «ein Zuhause» gefunden.

Oosterhuis schreibt seine Texte innerhalb des Kontextes der «Amsterdamer Studentenekklesia», der er seit 1965 als Gemeindeleiter vorsteht. Ursprünglich eine römisch-katholische Studentengemeinde, hat diese Ekklesia (das griechische Wort für «Gemeinde») sich allmählich zu einer Werkstatt und einem Versuchsfeld für die mit dem Zweiten Vatikanischen Konzil verbundene Liturgieerneuerung entwickelt. Oosterhuis war der Meinung, daß die Einführung der Landessprache wesentlich mehr bedeute als den Übergang vom Lateinischen zum Holländischen: «Die ganze Formensprache unseres Gottesdienstes ist davon betroffen, die kirchliche Architektur, die liturgische Musik und die Regie der Feier» (Vorlesung, 1963). Die liturgischen «Experimente» der Amsterdamer Studentenekklesia führten zu Konflikten mit den kirchlichen Behörden und hatten zur Folge, daß diese Gemeinde 1971 einen kirchenunabhängigen Status annahm. Als «freikirchliche» Gemeinde zieht sie noch heute jeden Sonntag 200 bis 400 Besucher von verschiedenster Herkunft und aus unterschiedlichen Kirchen an.

Die meisten der nahezu 20 Bücher, die Huub Oosterhuis publiziert hat, wurden auch ins Deutsche übersetzt. Einige seiner Lieder fanden Aufnahme in das katholische Gebet- und Gesangbuch «Gotteslob» (1975). Sein erstes und bekanntestes Buch war «Ganz nah ist dein Wort» (1967, leider, ebenso wie die anderen früheren Bücher, schon lange vergriffen). Im Jahre 1990 erschien «Wort, das trägt». Vor kurzem ist die erste Aufnahme von in deutscher Sprache gesungenen Oosterhuis-Liedern mit dem Titel «Licht und Atem» erschienen (Stiftung «Leerhuis en Liturgie», Postfach 17268, 1001 JG Amsterdam, Niederlande).

Im Jahre 1962 schrieb Oosterhuis: «Wir streben eine Liturgie an, die dem modernen Leben nicht wie eine unverständliche Welt gegenübersteht, sondern ihre Worte und Handlungen mindestens ebensosehr an heutigem existenziellen Erleben wie am Stil der Tradition ausrichtet». Dabei bedeuten Tradition und Überlieferung für Oosterhuis immer mehr: lebendiger Umgang «von Geschlecht zu Geschlecht» mit der Schrift als einem jüdischen Buch, als einem Erbe, das in vielen christlichen Jahrhunderten dogmatisiert und dem alltäglichen Leben entfremdet worden ist. Sie wurde eingefroren in einer fremdsprachigen Liturgie voller Formen und Formeln, die den Abstand zwischen Gemeinde und Klerus, Kirchenschiff und Altar fast unüberbrückbar machten.

Daß es in der biblischen Glaubensgeschichte um eine Geschichte menschlicher Befreiung gehe, die hier und heute fortgesetzt werden solle und die sich nicht in einem religiösen Freiraum abspielen dürfe, sondern in der Wirklichkeit, im «Leben von Tag zu Tag» ihren Ort haben müsse – dies ist für viele innerhalb und außerhalb der Kirchen nur eine leere Behauptung oder bestenfalls ein vager Traum.

Diese Überzeugung bildet jedoch den Ausgangspunkt der «fragenden Theologie» von Oosterhuis und seiner in diesem Buch zusammengestellten Essays, Predigten, Lieder und Gebete. Im inner- und außerliturgischen Umgang mit der Bibel entsteht eine «Geistesverwandtschaft der Liebe», ohne die Erde und Menschen – alte wie junge – auf Dauer nicht bestehen können. Beim Singen kommt diese Geistesverwandtschaft am besten zur Geltung. Das «Lied von der Erde», die «Missa solemnis», die «Geschichte eines Lebenden» und das «Hohelied der Liebe» von Paulus (S. 19) sind vertont worden und haben Eingang gefunden in die Liturgie, wie sie die Amsterdamer Studentenekklesia, aber auch viele andere römisch-katholische und protestantische Gemeinden in den Niederlanden feiern.

Hier werden sie angeboten als Stoff zum Nachdenken, zur Erwägung und zum Gebrauch in der Liturgie für alle, die irgendwo und irgendwie versuchen, der alten biblischen Vision der Befreiung einen Platz in ihrem Leben und dem anderer einzuräumen.

Amsterdam, im Juli 1992 *Cornelis Kok**

* Drs Cornelis Kok ist katholischer Theologe, seit vielen Jahren Mitarbeiter der Amsterdamer Studentenekklesia, Wissenschaftlicher Sekretär der «Stichting Leerhuis & Liturgie» und Redakteur der von der Stiftung herausgegebenen Zeitschrift «Werkschrift». An der Konzeption und Endredaktion dieses Buches hat er wesentlich mitgewirkt.

Geistesverwandt
Über einen neuen Lebensstil

1.
Beten heißt bitten, betteln, bedrängen, an Fensterläden trommeln: Mach auf! Beten ist verlangen, inbrünstig hoffen. Hoffe, was du hoffen kannst. Sei nicht matt, gelassen, undeutlich. Sei heftig, bewegt, wachsam. Verlange nach der Heiligung des Gottesnamens, dem Kommen des Königreichs-von-Recht-und-Frieden überall auf dieser Welt. Daß der Name Gottes, der Befreiung und Liebe bedeutet, in Menschen Wirklichkeit wird, daß sein Reich («kein Mensch verachtet, verlassen, abgeschrieben») kommen und so wirklich werden soll, wie wir zusammen sind, dieses Verlangen heißt Beten. Beten ist eine Lebenseinstellung: nicht ertragen zu können, daß die Welt so ist, wie sie ist, sich damit nicht abfinden zu können. Beten umfaßt Selbstbesinnung, Stillwerden, aushalten zu lernen, sich in Geduld zu üben, politische Bewußtwerdung, Schulung, Wissensdurst, sich nicht dumm zu stellen, keine zynischen Witze («sei froh, daß das Leben keinen Sinn hat» und ähnliches).

Predigen und Schriftauslegung, Liturgie und Spenden der Sakramente können dabei helfen, diese «Seelenhaltung» (diesen «Lebensstil») auszubilden, der «Beten» genannt wird.

2.
Dieser Lebensstil umfaßt die Kultur der Stille und Einkehr, der «Reinigung des Herzens» und der «Demut». Man kann versuchen, diesen Seelenzustand in sich zu entwickeln durch Einübung von Geduld, Ausharren, Warten – Übungen gegen Apathie und Zynismus.

«Lerne still sein und lerne nichts tun und lerne warten» – ein Satz von Henriette Roland Holst. Unter «nichts tun» versteht sie: Zügle deinen «Tatendrang», der häufig aus blindem Eifer, törichten besten Absichten und Darstellungssucht besteht; lerne, nicht einzugreifen, nichts zu erzwingen, nichts zu forcieren; lerne sparsam mit deinen Kräften umzugehen, lerne dich zu fragen, ob das, was du tust, Sinn hat (Wasser zum Meer tragen? ein Haus auf Sand bauen?). Lerne zu erdulden, lerne dem Leben zu verzeihen, daß es hart ist; lerne Menschen zu vergeben, daß sie unverschämt und selbstsüchtig sind; lerne zu warten – manchmal ist jemand plötzlich nicht egoistisch, sondern weitherzig und liebevoll. Und denke nicht, daß du es schon «machen» kannst. Das Eigentliche, den Sinn deines Lebens, machst du nicht selbst, er muß dir gegeben werden. Lebe so, daß du den Sinn deines Lebens als Gnade empfangen kannst.

Lerne still sein und lerne nichts tun
und lerne warten.
Das Geheimnis der Starken lag allzeit darin,
daß sie sich einstellten auf lange Tragezeiten.

Beten ist, sich einzustellen auf lange Zeiträume, auf das lange Weitertragen der Vision von diesem «Königreich» und auf das Aushalten eines vorläufigen Mißerfolgs nach dem anderen. Beten ist das Mittragen von Schande und Schuld, den «Sünden», die abgetragen werden müssen, ab-gelebt.

Über Jesus von Nazareth, der uns lehren wollte, im Geiste seiner mosaischen, prophetischen Tradition und mit den Worten Jesajas zu beten, über ihn («Lamm Gottes, das die Sündenlast dieser Welt trägt») steht geschrieben: daß er an ruhigen Orten gebetet hat, in Einsamkeit, Wüste, Gebirge, Garten, daß er sich in der Selbstversenkung seiner Berufung und Bestimmung bewußt wurde.

Ist es möglich, in seinem Inneren einen Garten zu pflanzen oder die eigene innere Wüste in einen Garten zu verwandeln? Und ist es möglich, sich so sehr in sich zu versenken, daß man seine Aufgabe in diesem kommenden «Reich» immer deutlicher zu erkennen lernt, den eigenen unverwechselbaren Platz darin? Beten heißt, sich dem langwährenden Prozeß der Bewußtwerdung und Annahme anheimzugeben, einer langen Tragezeit. Manchmal leuchten uns blitzartig der Ort unserer Bestimmung und der Weg dorthin auf.

3.

Es gibt einen Namen für all das, was Gott-für-uns bedeutet, er lautet «Heiliger Geist». Ein Name, so weit wie die Erde und so weit wie unsere Seele, jene unsichtbare, Erde-und-Himmel umfassende Landschaft in uns. «Heiliger Geist», ein Name für alles, was die Erde bewohnbar macht und uns Leben ermöglicht: Schönheit des Wassers, Augenlicht, Sonnenglut, Kraft der Liebe, sowie alle sanften Kräfte wie Geduld, Ausdauer, Denkvermögen, Heilungskraft, Tröstung, Stillwerden.

Der heilige Geist legt das Wort
Gottes in unsere Hand.

schrieb Willem Barnard in einem seiner *Lieder zum Gedächtnis des Herrn.*

«Wort Gottes» bedeutet in der Sprache der biblischen Glaubensgeschichte: all das, was wir an Wissen brauchen, um leben zu können; es bedeutet: weise machendes Wort, lebendiges Wort. Es wird «in unsere Hand» gelegt, so steht geschrieben. Es ist ein Wort, das in Handeln umgesetzt werden soll, ein Wort, das sich auswirken soll.

Was ist ein Wort? Stimmlaute, die sich an etwas oder jemanden richten: du, Mann, Frau, Landschaft; ihr, Mond, Sterne, Lichtplaneten. Ein Wort drückt aus, daß du etwas siehst und mit dem «Mund» berührst und daß du mit Stimmlauten eine Verbindung zwischen dir und allem anderen herstellst. Worte sprechen bedeutet soviel wie Verbindung und Zusammenhang schaffen.

Man lernt die Worte von anderen, früher-Geborenen. Was man am meisten braucht, um in dieser Welt ein Mensch zu werden und in einem Sinnzusammenhang leben zu können, muß man empfangen. Das Wort muß «in deinen Mund» gelegt werden. Nicht nur in den Mund, auch «in deine Hand», sagt Willem Barnard in Anlehnung an die biblischen Glaubenserzählungen. Benennen, Sprechen, Singen sind noch nicht genug, um Mensch zu sein. Worte-über-Liebe sind nicht die ganze Liebe, sie sind ein Anfang, schaffen Raum für Liebe, aber davor und danach muß Liebe «getan» werden. Das Wort muß aus deinem Mund herabsteigen, Mensch werden, du werden: Es muß deine Hand erreichen, es muß vollbracht, getan werden.

Wann ist das Wort «Liebe» vollbracht? Wenn Menschen getröstet, gewärmt, geheilt, gespeist, beherbergt werden, dann erst. Ungetane Worte über Liebe sind halbes Leben. Getane Liebe ist Leben im Überfluß.

«Der heilige Geist legt das Wort Gottes in unsere Hand» besagt: Nicht wir nehmen es uns (manchmal tun wir das wohl), es muß uns als eine Gnade geschenkt werden. Beten heißt bekennen, daß man die Gnade dieses «heiligen Geistes» empfangen möchte.

4.

Anfang

Unstillbare Töne
schweigende Worte
mögen hier klingen.

Der Mund, der sie singt,
das Herz, das empfängt,
sei gesegnet.

Wie eine Landschaft
mehr Weite birgt
als man sehen kann

und Küsse mehr sind
als die perfekte Form
schöner Lippen

so bringen wir rufend
aus Wirrwarr zum Vorschein
einen Weg

eine Lichtgestalt
aus Träumen und Schatten
von Tod –

so, von der Erde
zum Himmel, wirst Du
der einzige Wahre.

«Unstillbare Töne»: so wie Hunger und manche Begierden und die Brandung des Meeres unstillbar sind, wie Musik nicht zum Schweigen zu bringen ist, sondern immer wieder neu gehört werden will und immer wieder neu beginnt. Genauso wie die Gegenwart eines Menschen in deinem Leben unstillbar-nicht-wegzudenken ist und immer aufs neue Gefühle von Glück oder Unglück oder beidem in dir wachruft. «Unstillbare Töne, schweigende Worte mögen hier klingen.» Klingen ist: aufsteigen, erblühen – Töne, Klänge und Worte können auch wie Rauch niederdrücken oder untergehen. «Schweigende» Worte sind Worte, die Stille nicht brechen, sondern hervorrufen, die Stille in sich tragen und ihr Geheimnis nicht so leicht preisgeben. Worte, die dich warten lassen, ja sogar auf die Probe stellen, dich herausfordern; die die lärmenden Stimmen in dir und um dich herum nicht überschreien, sondern überschweigen.

«Unstillbare Töne» und «schweigende Worte» verweisen auf die Geschichte aus der jüdischen Bibel: auf den Schöpfungs- und Befreiungsbericht, so wie er in den Büchern Mose und der Propheten niedergeschrieben ist, so wie Jesus ihn gekannt und gelebt hat, und den wir, angeleitet durch Jahrhunderte alte Tradition, zum Herzstück unserer Liturgie machen – Liturgie, der gesungene Unterricht, in dem wir versuchen, einander den Dienst des Trostes zu erweisen.

Die biblische Schöpfungsgeschichte sagt uns, daß aus unvorstellbarem Chaos-und-Leere (Tohuwabohu lautet des suggestive hebräische Wort, Wirrwarr in deinem Kopf, in deiner Seele und soweit deine Augen und Gefühle und Erinnerungen reichen), daß aus diesem Durcheinander von Chaos-und-Leere Erde und Himmel und Menschheit herausgerufen wurden und stets neu gerufen werden. Der biblische Bericht will sagen, daß es zu allen Zeiten, heute und morgen wieder, unsere Erfüllung und Zukunft sein wird, aus dieser Wüste voller Ruinen und einem Wirrwarr von verwüsteten Wegen und betrogenen Hoffnungen die Erde, den Himmel und die Menschheit erneut ans Licht zu bringen. Schöpfung ist, ebenso wie Auszug-und-Befreiung, eine Zukunftsvision, die besagt, daß die Menschheit irgendwann einmal aus bösen Träumen und Todesschatten wie eine «Lichtgestalt» zum Vorschein kommen wird, mit Glanz und Herrlichkeit gekrönt, Menschenkind-im-Lichtglanz wie Jesus einst mit Mose und Elija auf dem Berg Tabor im Lichtglanz erschien.

Diese unstillbare Geschichte, dieses Zeugnis aus schweigenden Worten möge weiterhin klingen, aufsteigen und unsere Phantasie zum Blühen bringen, am Sonntagmorgen und in jeder anderen Stunde, in der wir Gottesdienst feiern.

5.

Eine kirchliche «Gemeinde» ist ein Rastplatz für Menschen, die im Geiste verwandt sind. «Geistesverwandt» ist ein vorsichtiges Wort für eine Erfahrung, die viele «Kirchgänger» miteinander teilen: Man fühlt sich mit Menschen verbunden, die man nicht selbst ausgewählt hat und mit denen man auch nicht tagaus, tagein leben könnte, mit denen man aber doch etwas gemeinsam hat – etwas? Eine Vision, ein Gewissen, die Intuition eines Zusammenhangs, eines gemeinsamen tastenden Glaubens. Den Ritus, in dem wir unsere Geistesverwandtschaft ausdrücken und einander mitteilen, nenne ich «Liturgie».

Für die meisten von uns – ich sage «uns», als ob eine kirchliche Gemeinde, die zur Liturgiefeier zusammenkommt, so etwas wie ein «wir» darstellt, denn vielleicht werden wir, wenn wir Liturgie feiern und beten, ein wenig mehr zu einem «wir» und durch den Geist zu einer Gemeinde –, für solche Menschen wie «uns» gilt, denke ich, daß wir über unser Leben nachdenken, daß wir danach trachten, unsere Erfahrungen zu ordnen, uns selbst zu begreifen. Wir versuchen, mehr Klarheit über uns zu gewinnen, leben nicht nur so benommen vor uns hin, sondern befragen uns und andere, suchen, hören zu.

Stimmt das? Trifft das für dich zu? Und wie weit gehst du mit der Bewußtmachung? Wo hörst du auf, was wagst du nicht zu denken, was willst du nicht fühlen, welches Wissen wehrst du ab?

Bei dieser Selbsterforschung spielen die biblischen Glaubensgeschichten eine Rolle als fragende Stimme, als Gegenstimme, als jemand, der unser Gedächtnis auffrischt, unser Gewissen schärft – jemand? Kann man eine Geschichte mit «jemand» bezeichnen, sagt man «du» zu einem Buch, «du» zu einem Wort?

Du kommst von irgendwo her, willst irgendwo hin und suchst den Weg – gibt es überhaupt einen Weg? Es gibt wohl

Bruchstücke eines Weges und aufgebrochene Wegstücke, und du stehst da am Wasser, und es gibt keine Brücke. Oder du taumelst umher im flachen Sand und findest kein Wasser.

Du suchst, ob in der Wildnis
ein Brunnen lebendigen Wassers ist,
du lauschst, ob nicht ein Wort es gibt,
das deine Zukunft dir erschließt.

heißt es in einem Lied. Die Landschaft, in der sich die biblische Erzählung abspielt, ist eine Wildnis, Steppe, Wüste; verwildert sind auch die Menschen. Die große Frage, die die Geschichte stellt, ist die, ob aus dieser Wildnis eine bewohnbare Erde zu machen ist und aus diesen Menschen «Wir-Menschen».

Gottes Wort wird in der Bibel ein Brunnen lebendigen Wassers genannt. Das Wort, das im Namen und Auftrag, auf Veranlassung Gottes hin, durch Mose und die Propheten zu den Kindern Israels gesprochen wird und mit ihnen zum ganzen Erdkreis bis hier und heute – das Wort darüber, wie man miteinander leben könnte, mit so sehr und so heillos ineinander verstrickten Menschen; das Wort, daß wir einander respektieren und Raum lassen sollen, daß wir einander nicht umbringen, nicht stehlen, einander nicht verleugnen, das bedeutet lebendes Wasser. Dies sind Worte, die «Zukunft» eröffnen. Daß erst Liebe einen Menschen aus dir macht (und ohne Liebe nichts aus dir wird), daß Vergebung und Erbarmen über tausend Generationen hin fortwirken werden, daß du, kleiner Mensch, nicht zum Unglück und die Erde nicht zur Vergiftung und Gewalt verurteilt ist, daß Menschen imstande sind, Gutes zu tun und die Erde mit all den Milliarden, die auf ihr leben, zu retten: das sind Worte, die «Zukunft erschließen».

6.
«Raststätte» – ein Ort, an dem man seine Reise unterbricht, um auszuruhen und zu essen – ist eine Minimal-Umschreibung für «kirchliche Gemeinde», Ekklesia. Der volle Wortsinn von Ekklesia ist: ein Leib und ein Geist, Leib des Messias. Ekklesia bedeutet, daß jeder mit seinen je eigenen Gaben für alle anderen da ist; daß die geringsten «Mitglieder» die wertvollsten sind, daß alle Trennwände niedergerissen sind, zwischen Männern und Frauen, zwischen «Juden und Griechen», wie Paulus sagt (sprich Juden und Christen).

Ich sah an einem Tisch sie sitzen: Juden
und Griechen, bunt gemischt, als wenn das ging.
Da sah ich, daß es ging, von heute an –
statt Mißgunst, eisig Schweigen, hämisch Lachen
ein Singen neuer Lieder, alter Psalmen.

Ich sah an einem Tisch uns, Männer, Frauen,
sanft, unverschleiert, ohne schräge Blicke,
Knechte und Herren, ohne erste Ränge.
Und alle tranken aus demselben Becher.
Ich sah – Gott wird es mir zugutehalten –
was noch nicht ist: sein Leib, der einen Leib
aus vielen macht. Die Menschheit neu geboren,
Messias-Leib, Tod hinter sich gelassen.

Dies und noch viel mehr soll Paulus «gesehen» haben. Ich glaube, daß das, was er schaute und hoffte, noch nirgendwo bestanden hat. Es ist so wie mit jeder Vision: eben noch ist sie lebendig, und dann ist sie verschwunden. Aber dann bricht sie wieder auf in Menschen und noch einmal, und manchmal hält sie länger an als nur einen Augenblick, atemberaubend.

Das älteste Ritual, in dem diese Ekklesia-Vision gefeiert und gegenwärtig gemacht wird, das einfachste Ritual der christlichen Tradition, wird «Tischdienst» genannt oder auch Abendmahl, heilige Messe, Eucharistie. Das Ritual «der Liebe».

Man höre einmal, was Paulus über die Liebesgemeinschaft der Ekklesia sagt. Dieser ungestüme Rabbinenschüler, Thoraschüler, der mit seinen «Briefen» ungewollt und trotz aller Autorität bis auf den heutigen Tag so manche Verwirrung im Hinblick auf den Gottesdienst gestiftet hat: in dem folgenden erhabenen Lied erhebt er sich wie auf Adlerflügeln über alle theologische Diskussion. Lerne sie auswendig, diese Worte, diese Engels-Prophetensprache.

7.

Und spreche ich auch mit Zungen
von Engeln und Menschen,
habe aber die Liebe nicht:
so bin ich tönendes Kupfer,
ein rasselndes Tambourin.

Und bin ich auch ein Prophet,
ein Seher des Unsichtbaren,
in alles eingeweiht,
und ist mein Glaube auch so vollkommen,
daß ich Berge versetze,
habe aber die Liebe nicht,
so bin ich nichts.

Und gebe ich alles weg
und lasse mich martern,
wenn es sein muß,
habe aber keine Liebe,
dann dient es zu nichts.

Liebe ist Raum geben,
Zeit lassen, Güte, Geduld.
Liebe ist nicht engherzig,
neidisch, habgierig.
Liebe sucht nicht nach Geltung,
ist nicht eitel, grob, unnahbar.
Wer liebt,
ist nicht selbstsüchtig.

Liebe läßt sich nicht verbittern,
Liebe findet nichts unverzeihlich.
Unrecht macht sie nicht glücklich,
Wahrheit macht sie glücklich.
Liebe hält allem stand:
immer aufs neue glaubt sie,
alles erträgt sie,
immer wieder voller Hoffnung.
Niemals gibt die Liebe auf.

Prophetenworte aber,
Sprachen verstummen,
alle Erkenntnis ist endlich.
Ach, all unser Wissen ist Stückwerk –
und unsere Visionen: Lichtfetzen.
Doch wenn das Unendliche anbricht,
hört alles Endliche auf.

Als ich ein kleines Kind war,
sprach ich so, wie Kinder es tun,
und dachte nicht weiter
als Kinder es tun.
Nun, da ich Mann geworden bin,
habe ich das hinter mir gelassen.

Jetzt noch sehen wir Spiegelbilder,
rätselhaft,
einmal stehen wir Auge in Auge.

Jetzt noch weiß ich nicht einmal die Hälfte,
irgendwann, einmal, werde ich alles wissen,
so wie Er alles weiß von mir.

Glaube und Hoffnung und Liebe
werden bleiben, alle drei,
doch am größten ist die Liebe.

1 Kor 13

Ich – dein Freund
Eine Erzählung

Wüste, freu dich. Du, Steppe, wirst jauchzen und blühen und leuchten wie ein Narzissenfeld.

Jes 35,1

«Versuch mal, Kindern das zu vermitteln; wie würdest du zu ihnen predigen?» «Wie alt?» war meine Frage. «Acht bis zwölf.»

Es gab einmal einen alten Mann. Sein Leben lang war er arm gewesen. Zuletzt war er außerdem fast erblindet. Seine Augen waren nämlich vom Schauen, vom vielen In-die-Ferne-Ausschau-Halten, und vom Weinen ganz krank geworden. Weil er arm war, konnte er sich keine teuren Salben leisten, und so wurden seine Augen immer kränker und blinder. Zwölf Kriege hatte er miterlebt. Er hatte Kinder sterben gesehen. Er hatte auch gesehen, wie ganz arme Leute vor Hunger geschrien haben, und wie sie miteinander kämpften um ein paar Krümel Brot. Wer dabei der Stärkste war, der siegte und starb ein paar Tage später an Hunger. Achtzig Jahre alt war er, und er glaubte nicht, daß all dieses Elend einmal ein Ende haben würde. «Eine neue Erde, die wird es wohl niemals geben», murmelte er bei sich.

Eines Nachts hatte er einen Traum: Er stand am Strand. Es stürmte, und die Wellen des Meeres türmten sich haushoch. Da hörte er auf einmal eine Stimme, die rief: Geh ins Meer hinein! Er traute sich nicht und dachte: Hilfe, ich ertrinke! Doch die Stimme, die ihn rief, klang so stark und so freundlich, daß er sich plötzlich doch traute. Er lief in das Meer hinein, und da verwandelte sich das Meer mit seinen Wellen in eine gerade, breite Straße mit wunderschönen Häusern. Er erwachte und dachte bei sich: Was hat dieser Traum zu bedeuten? Er verstand ihn nicht. Ein wenig später hatte er wieder einen Traum: Er stand auf einer großen Sandfläche. Nichts wuchs dort, nur hier und dort ein paar Disteln neben einem Stein. Da hörte er eine Stimme, die rief: Mach aus dieser Sandfläche eine saftiggrüne Weide. Aber das kann ich doch nicht, schrie er, ich weiß doch gar nicht, wo Wasser ist. Da sagte die Stimme: Ich werde dir zwei Gehilfen schicken. Da erschien auf einmal ein Riese, groß wie eine Fabrik. Fürchterlich häßlich war der, und stinken tat er außerdem. Hinter ihm wackelte ein Zwerg heran, krumm wie eine Distel. Die zwei begannen, im Sand zu graben. Der Riese hob einen breiten Fluß aus, der Zwerg grub ein sehr schmales, sich schlängelndes Bächlein. Und da begann Wasser durch die große Sandebene zu strömen, Gras schoß aus dem Boden und wurde zu einer fruchtbaren Weide, Bäume blühten auf, und nach drei Tagen bereits hingen glänzende Früchte an den Zweigen. Da sagte die Stimme: Nun sollst du mit ihnen zusammen wohnen, in *einem* Zelt. Und bring ihnen das Sprechen bei und wie man die Äcker bebaut und all das.

Obwohl er Abscheu vor ihnen empfand, wohnte er mit ihnen zusammen, in *einem* Zelt. Und mit viel Geduld, ja allmählich sogar Liebe, brachte er ihnen so manches bei, und nach sieben Jahren waren sie Menschen geworden, der Riese und der Zwerg.

Als er erwachte, wurde ihm klar, daß er von der neuen Erde geträumt hatte. Und so hell und deutlich hatte er alles in seinem Traum vor sich gesehen, daß er das in Form von Liedern aufschreiben konnte. Die nannte er dann «Lieder von der neuen Erde». Und wenn er von nun an jemandem begegnete, der auch dachte, daß das Elend niemals ein Ende finden würde, schenkte er ihm ein Lied von der neuen Erde. Auch als der alte Mann schon sechshundert Jahre tot war, wurden seine Lieder immer noch gesungen: «Aus der großen Sandfläche saftige Weiden, Äcker und Obstgärten machen.» Das muß man sich mal vorstellen, dachten die Menschen, als sie das sangen. «Die Steppe wird blühen, die Steppe wird lachen und jauchzen.» Jesaja hieß jener Mann.

Jesus hat diese Lieder, als er noch ein Kind war, in der Kirche seines Dorfes, in dem er wohnte, gelernt. Und als er ein Mann geworden war, sang er sie immer noch. Und das, was er sang, das sah er deutlich vor sich, mit sicherer Überzeugung, und das hoffte und glaubte er: daß es einmal keinen Krieg mehr geben würde, keine reichen Menschen, die andere Menschen arm machten, keine Wüste mehr. – Kannst du verstehen, daß das seine Hoffnung war? Vielleicht hoffte er das, weil er davon als Kind bereits gesungen hatte.

Auch Jesus ist schon lange tot, fast zweitausend Jahre inzwischen, und noch immer hat es mit dieser neuen Erde nicht geklappt. Aber noch immer gibt es Menschen, die alles daran setzen, daß es irgendwann einmal gelingt – irgendwann einmal? So schnell wie möglich! Gelegentlich kann man ja doch schon ein bißchen von der neuen Erde sehen. Und wenn man einen kleinen Zipfel der neuen Erde entdeckt, wenn man etwas erlebt, oder eine Frau trifft oder einen Mann, die einen an die neue Erde erinnern, dann sollte man anderen davon berichten. Oder man erzählt es im Gottesdienst am Sonntagmorgen.

Stell dir jetzt doch einmal vor, daß du schläfst. Und während du schläfst, hast du einen Traum – wie der alte, fast blinde Mann, der Jesaja hieß. Und in diesem Traum hörst du eine Stimme – die schönste, wunderbarste, liebste Stimme, die du jemals gehört hast, und die sagt zu dir, ja, zu dir:

Aus dem Sturm-Meer, den wilden Wellen
Alleen machen.
Aus der großen Sandfläche
saftige Weiden,
Äcker und Obstgärten machen.
Aus dem Höllendrachen
Schneestaub machen,
aus der schwarzen Luft
Monde und Sterne.
Aus Riesen Menschen machen,
Menschen aus Zwergen.

Gespenster, die gibt's nicht.
Freundinnen, Freunde,
die gibt es wohl.
Wer ist dein Freund?
Ich bin dein Freund.

Ist die Bibel ein Buch für die Jugend?
Überlegungen zum «Gottesbild»

Das Wort

Das Wort ist nicht für die Jungen.
Die haben noch ihre Meinung.
Die haben noch Jahre zu warten
und sind nicht allein im Dunkel.

Das Wort aber ist für die Alten
wie Ausruhn in der Stille
ein Mantel gegen das Kalte
eine Hand, sie festzuhalten.

Muus Jacobse

1.

Sagen wir, Sie wohnen in Amsterdam und spazieren mit Ihrem Kind, das fünf ist, oder mit Ihrem Enkel oder mit dem kleinen Mädchen von nebenan über den Blumenmarkt. Sie überqueren den Königsplatz und gehen Richtung Lieverdje. Fünf Jahre – da hat ein Menschenkind schon viel zu fragen: «Das da, mit dem großen Turm, was ist das?» oder «Oh, was für ein großes Haus mit runden Fenstern und hohen Türen, was ist das?» «Das ist eine Kirche» sagen Sie. «Was ist das, eine Kirche?» Was antworten Sie darauf? «Ein Haus Gottes»? «Da wohnt Gott»? «Da ist Gott manchmal»? Nein, denken Sie bei sich, nicht gleich eine Antwort mit «Gott», lieber eine Antwort, in der Menschen vorkommen. «Eine Kirche ist ein Gebäude, in das die Leute gehen, um zu beten.» «Was ist *das* denn schon wieder – beten?» Schnell überschlagen Sie die Gratwanderung, auf der Sie sich befinden. «Beten heißt Sprechen mit Gott.» «Was ist das, Gott?» Lieber also zurück auf sicheres Gelände. «Eine Kirche? Das ist ein Gebäude, in das gehen die Leute, um...» Ja, weswegen eigentlich? Um sich eine Predigt anzuhören? Nein, möglichst locker sagen Sie: «Eine Kirche? Das ist ein Gebäude, in dem Menschen zusammen singen.» Und jetzt nur hoffen, daß das so fröhlich klingt wie Blumenmarkt und so beruhigend, freundlich und konkret wie Spazierengehen.

Unterdessen ist das Fünfjährige zu einem Wesen von acht Jahren herangewachsen. Durchaus möglich, daß es jetzt fragt: «*Was* singen die da eigentlich?» oder sogar «*Wovon* singen die da?» Jetzt also wieder ganz ruhig bleiben und nicht doch mit «Gott» ankommen, denken Sie sich. Zum Beispiel lieber sagen: «Ja, weißt du, singen tun die Leute meist von dem, was sie gerne haben wollen: schöne Häuser, schöne Dinge, den Strand und den Mond und Freunde. Das Singen handelt von Liebe, und Liebe heißt, daß man gerne bei jemandem sein möchte, so nah wie nur möglich, und wenn das klappt, dann nennt man das Glück. Aber oftmals ist so jemand auch gerade weit fort oder schon tot – davon singt man auch viel.» Vielleicht haben Sie ein Kind vor sich, das dann noch weiter bohrt. «Aber *warum* singen die Leute?» Die Antwort auf diese Frage könnte lauten: «Sie können einfach nicht anders.»

Warum geht mir das alles durch den Kopf? Weil ich wegen des Wortes «Kirche» verlegen werde? Noch verlegener als bei dem Wort «Gott»? «Ein Gebäude, in dem Menschen zusammen singen» ist eine Verlegenheitsformel für «Kirche», ein geschicktes Ausweichmanöver in einem kniffligen Gespräch, damit man eine Eskalation unbeantwortbarer Fragen umgeht. Natürlich kann man Kindern auch noch nicht alles erklären, und auf diese Weise hat man ihnen wenigstens nichts Falsches erzählt – von den Menschen und der Liebe, von Sehnsucht und Entbehrung.

Für immer mehr Leute ist die Zeit vorbei, da sie mit einiger innerer Überzeugung sagen konnten: eine Kirche ist ein Ort, an dem man zu Gott betet, und Gott ist der und der – dann folgte meist Stottern, aber immerhin: man verstand einander. Die Worte «Gott» und «Kirche» bezogen sich auf eine gemeinsame Vorstellung von Gut und Böse, deuteten ein Ideal an, das jeden einschloß, und ein verbindendes Vertrauen in die Zukunft.

In dem Teil der Welt, in dem wir leben, ist «Gott» kein Wort mehr, das von sich aus schon Kredit besäße und eine gemeinsame Erinnerung wachriefe. Weitaus die meisten Kirchen sind kein Ort mehr, an dem die Leute sich der Vorstellungen und Ideale der anderen gewiß sind und sich daher miteinander sicher fühlen. Sogar in Kirchen ein und derselben Konfession, der katholischen beispielsweise, eines so kleinen Gebietes wie den Niederlanden etwa wird sehr unterschiedlich von «Gott» gesprochen und also auch über Menschen geurteilt. Und wenn man genau hinhört, bemerkt man sogar, daß man gegeneinander singt. Auch das Singen garantiert also keinen Zusammenhalt und kein Wiedererkennen. Das sei nichts Neues? Aber was ist dann noch eine Kirche?

Eine Frau machte vor kurzem eine Reise in das ehemalige Konzentrationslager Auschwitz-Birkenau. Sie berichtet davon in einem Interview: «Ich überblickte vom Lager aus die Landschaft und sah die Kirchtürme von Auschwitz. Ein Kirchturm drückt für mich immer so etwas aus wie ‹Komm doch her›. Um den herum ist menschliches Leben angesiedelt. Er ist wie ein Schiffsmast. Als ich vom Lager aus diesen Kirchturm sah, dachte ich für einen Moment, ich sei an einen Baum genagelt.» Wenn man sich einmal vor Augen führt, was sich alles im Umfeld der Worte «Gott» und «Jesus» mit Menschen abspielt – noch heute; und wenn man manchmal sogar annimmt, daß in vielen Kirchen und gerade mit diesen Worten Menschen gegeneinander aufgehetzt und voneinander entfremdet werden, wäre es dann nicht besser, sich von Kirche und Religion zu verabschieden und erst recht nicht die eigenen Kinder mit dieser ganzen Vergangenheit zu belasten?

2.
Unterdessen sind «unsere» Kinder (alle Kinder sind «unsere» Kinder) 16 – 17 – 18 Jahre alt geworden. Gehen sie noch mit in die Kirche? Fragen sie noch nach «Gott»?

Im «Roten Hut», einem Zentrum für religiöse Kultur im Herzen Amsterdams, wurde einmal eine Umfrage zur «Religion der Jugend» veranstaltet. Schüler von den Gymnasien in konfessioneller Trägerschaft in Amsterdam wurden gebeten, sich über ihre «Religion» befragen zu lassen. «Hast du eine Religion?» «Ich? Nein, ich nicht, wieso?» «Und dein Vater?» «Der war, glaub' ich, früher mal Katholik, oder so was.» «Und deine Mutter?» «Das weiß ich nicht. Aber meine Oma, die hat eine Bibel.» «Was bedeutet das Wort ‹Gott› für dich?» fragten wir.

Für die meisten scheint das Wort «Gott» eine Macht anzugeben, die «lenkt». *Wenn* es noch einen Gott gibt, dann ist das ein Gott, der lenkt und verfügt. Aber diesen Gott gibt es nicht, denn «Sehen Sie sich doch bloß mal um, wie schrecklich alles ist.» (Einige sagten: «Ich glaube nicht, daß es besser zuginge, wenn es einen Gott gäbe.»)

«Gott» war im allgemeinen ein negativ besetzter Begriff. Der traditionelle Gottesglaube (z. B. der einiger Großeltern) wird als etwas Dummes angesehen («das findet man noch bei Leuten vom Lande»). Er steht im Gegensatz zu «Nachdenken».

«Gott gibt es nicht, denn er läßt sich naturwissenschaftlich nicht beweisen.» «Gott» ist ein Begriff für all das, was bislang noch nicht erklärt werden konnte. Eines Tages aber wird die Wissenschaft alles erforscht haben, und dann ist «Gott» nicht mehr nötig. Früher dachte man ja auch, daß der Blitz von Gott käme.

«Glauben an Gott» bedeutet Angst, Bedürfnis nach Sicherheit, Ablehnung von Verantwortung. Andererseits: «Wenn man an gar nichts glaubt, hat man nichts, wohin man sich wenden kann. Also sucht man so etwas.» «Was suchst du denn?» «Etwas nach dem Tod, Reinkarnation» («daß man halt glaubt, daß da was ist»). Einige landen bei «Schutzengeln», «Geistern, die Einfluß haben» (es gibt gute und böse). Manche praktizieren magische Rituale: Klopfen auf Holz, Stoßgebete («auch wenn ich nicht gläubig bin, manchmal bete ich trotzdem») oder «ich habe zuerst den linken Fuß aufs Spielfeld gesetzt, dann gewinnt man». Der ein oder andere scheint manchmal zu einem «lenkenden Gott» zu beten, auf daß dieser irgendetwas zum Guten führe, und – das hilft, manchmal.

Sehr tiefschürfend hatte aber offensichtlich noch niemand nachgedacht. Keine einzige «Vorstellung» und kein «Bild» von Gott war bis in Einzelheiten ausgestaltet. Auch zeigte sich eine große Distanz zur Bibel: «ein unklares Buch», «schön, aber doch ein Märchenbuch».

3.

Viele von uns sehen sich nicht in der Lage, den Glauben an Gott, den Glauben, wie er in der biblischen Tradition und im Zeugnis der christlichen Kirchen formuliert wird, an ihre Kinder weiterzuvermitteln. Ist das ein Phänomen unserer Zeit? Typisch besonders für die christlichen Kirchen? Nein, durchaus nicht. Der jüdische Schriftsteller Franz Kafka schrieb 1919 den «Brief an meinen Vater». Darin kommt auch folgendes vor:

«Ebensowenig Rettung vor Dir fand ich im Judentum. Hier wäre ja an sich Rettung denkbar gewesen, aber noch mehr, es wäre denkbar gewesen, daß wir uns beide im Judentum gefunden hätten oder daß wir gar von dort einig ausgegangen wären. Aber was war das für ein Judentum, das ich von Dir bekam! Ich habe im Laufe der Jahre etwa auf dreierlei Art mich dazu gestellt.

Als Kind machte ich mir, in Übereinstimmung mit Dir, Vorwürfe deshalb, weil ich nicht genügend in den Tempel ging, nicht fastete und so weiter. Ich glaubte nicht mir, sondern Dir ein Unrecht damit zu tun und Schuldbewußtsein, das ja immer bereit war, durchlief mich.

Später, als junger Mensch, verstand ich nicht, wie Du mit dem Nichts von Judentum, über das Du verfügtest, mir Vorwürfe deshalb machen konntest, daß ich (schon aus Pietät, wie Du Dich ausdrücktest) nicht ein ähnliches Nichts auszuführen mich anstrenge. Es war ja wirklich, soweit ich sehen konnte, ein Nichts, ein Spaß, nicht einmal ein Spaß. Du gingst an vier Tagen im Jahr in den Tempel, warst dort den Gleichgültigen zumindest näher als jenen, die es ernst nahmen, erledigtest geduldig die Gebete als Formalität, setztest mich manchmal dadurch in Erstaunen, daß Du mir im Gebetbuch die Stelle zeigen konntest, die gerade rezitiert wurde, im übrigen durfte ich, wenn ich nur (das war die Hauptsache) im Tempel war, mich herumdrücken, wo ich wollte. Ich durchgähnte und durchduselte also dort die vielen Stunden (so gelangweilt habe ich mich später, glaube ich, nur noch in der Tanzstunde) und suchte mich möglichst an den kleinen Abwechslungen zu freuen, die es dort gab, etwa wenn die Bundeslade aufgemacht wurde, was mich immer an die Schießbuden erinnerte, wo auch, wenn man in ein Schwarzes traf, eine Kastentür sich aufmachte, nur daß dort aber immer etwas Interessantes herauskam und hier nur immer wieder die alten Puppen ohne Körper. Übrigens habe ich dort auch viel Angst gehabt, nicht nur, wie selbstverständlich vor den vielen Leuten, mit denen man in nähere Berührung kam, sondern auch deshalb, weil Du einmal nebenbei erwähntest, daß auch ich zur Thora aufgerufen werden könne. Davor zitterte ich jahrelang. Sonst aber wurde ich in meiner Langeweile nicht wesentlich gestört, höchstens durch die Barmizwe, die aber nur lächerliches Auswendiglernen verlangte, also nur zu einer lächerlichen Prüfungsleistung führte, und dann, was Dich betrifft, durch kleine, wenig bedeutende Vorfälle, etwa wenn Du zur Thora gerufen wurdest und dieses für mein Gefühl ausschließlich gesellschaftliche Ereignis gut überstandest oder wenn Du bei der Seelengedächtnisfeier im Tempel bliebst und ich weggeschickt wurde, was mir lange Zeit, offenbar wegen des Weggeschicktwerdens und mangels jeder tieferen Teilnahme, das kaum bewußt werdende Gefühl hervorrief, daß es sich hier um etwas Unanständiges handle. – So war es im Tempel, zu Hause war es womöglich noch ärmlicher und beschränkte sich auf den ersten Sederabend, der immer mehr zu einer Komödie mit Lachkrämpfen wurde, allerdings unter dem Einfluß der größer werdenden Kinder. (Warum mußtest Du Dich diesem Einfluß fügen? Weil Du ihn hervorgerufen hast.) Das war also das Glaubensmaterial, das mir überliefert wurde, dazu kam höchstens noch die ausgestreckte Hand, die auf die ‹Söhne des Millionär Fuchs› hinwies, die an hohen Feiertagen mit ihrem Vater im Tempel waren. Wie man mit diesem Material etwas Besseres tun könnte, als es möglichst schnell loszuwerden, verstand ich nicht; gerade dieses Loswerden schien mir die pietätvollste Handlung zu sein.»

Das kommt dabei heraus. Und zu Recht. Leere erzeugt Leere. Es ist ein gewaltiger Bewußtseinsakt, wenn ein Kind merkt, daß es betrogen wird. Es ist nicht selbstverständlich, daß ein Kind sich – trotz Lüge und Leere – ein solches Bewußtsein bewahrt. Wenn die Kinder älter werden, beugen sich viele von ihnen dem Schein, werden hart und formalistisch und konservativ, mit anderen Worten ängstlich.

Den eigentlichen Kern des Judentums aber macht aus, daß jedes Kind persönlich, in der Praxis des täglichen Lebens, auf eine solche Weise mit dem Glauben der Älteren konfrontiert wird, daß es zu fragen beginnt: Was macht ihr da? Was begeistert euch daran? Und warum und wie kommt ihr eigentlich dazu? Man soll so leben, daß sich diese Fragen einem Kind ganz unausweichlich stellen, sagt die Bibel. Wenn sich diese Fragen nicht stellen, sollte man sich fragen, ob man gut mit seinem Kind lebt. Und erst dann, wenn diese Fragen aufgekommen sind, kann man die Geschichte erzählen. Erst dann beginnt die verbale Glaubensvermittlung, das Erklären, das Glaubensgespräch.

«Wenn dein Kind dich morgen fragt: ‹Was sind das für Forderungen, Bestimmungen und Rechtssatzungen, die Er, Adonai, unser Gott, dir geboten hat?› Dann sollst du deinem Kind sagen: ‹Sklaven waren wir bei Pharao, in Ägypten. Aber Er, Adonai, hat uns mit starker Hand aus Ägypten fortgeführt.›» (Dtn 6,20–21) Das ist das biblische Modell von Glaubensvermittlung. Was beinhaltet es? Wovon wird da gesprochen? Was genau wird dabei erklärt und weitervermittelt? Die Vision des Auszugs, die Befreiung aus dem Sklavenhaus. «Ein Zeichen setzte er gegenüber Ägypten», das bedeutet: gegenüber allen Formen von Unterdrückung. Jene Befreiungsgeschichte ist die Erzählung von Gott. Der Inhalt des Wortes «Gott», des Namens, ist in der biblischen Glaubensgeschichte «Befreiung» von allen Formen von Unterdrükkung und Ungerechtigkeit. Und diese Geschichte wird weitervermittelt, auf daß in dem Kind eine Sehnsucht nach Befreiung und Gerechtigkeit und nach einer anderen Welt als der jetzigen geweckt werde.

Was meint «Glaubenserziehung»? Wohl kaum, daß man den Kindern das Wort «Gott» aufschwatzt. Gemeint ist vielmehr, daß man sie verstehen lehrt, was gerecht ist, daß man sie – indem man es ihnen vorlebt – in allen auftretenden Situationen zu unterscheiden lehrt, was recht ist und was unrecht. Das ist ein ganz subtiler Erziehungsprozeß, der nicht nur beinhaltet, daß man die Intuition der Kinder schärft, sondern auch, daß man ihnen beibringt zu analysieren und abzuwägen (was nicht gleichzusetzen ist mit taktieren!). Dieser Lernprozeß kann dann zweitens auch das Beibringen von Liedern und biblischen Bildern und Erzählungen einschließen. Aber immer vom ersten Schritt herkommend. Nicht andersherum, wie ich meine.

4.

Vor einigen Jahren wurde ich in einem Interview nach der religiösen Erziehung meiner eigenen Kinder befragt. Die waren damals elf und zwölf. Folgendes möchte ich aus diesem Interview zitieren:

Meine Kinder sind nicht getauft und besuchen keine konfessionelle Schule. Als sie klein waren, fanden sie es schön, mit in die Kirche zu gehen. Für sie war es dort lustig und unterhaltsam. Sie hatten das Gefühl, daß sich dort Leute trafen, die etwas Gutes und Sinnvolles miteinander vorhatten. Das haben sie davon in Erinnerung behalten, auch jetzt noch, da sie viel weniger häufig mitkommen und eigentlich noch nicht genau wissen, was sie von dieser Glaubensgeschichte halten sollen. Mit der habe ich ihnen auch gar nicht erst in den Ohren gelegen. Ich habe ihnen allerdings sehr engagiert davon berichtet, was mich selbst so sehr beschäftigte. Anfang der siebziger Jahre hatte ich sehr viel zu tun mit geflüchteten Chilenen. Davon habe ich meinen Kindern immer erzählt. Ich habe ihnen erklärt, was 1973 in Chile passiert ist, mit anderen Worten, ich habe sie – und das versuche ich noch immer – die Tatsachen, die Fernsehberichte und die ganze Welt aus der Perspektive der Menschen sehen lassen, die es nicht gut haben, die (im großen oder kleinen Maßstab) diskriminiert, drangsaliert und erniedrigt werden. Das heißt, wie ich meine, aus der Perspektive, aus der die Bibel diese Welt betrachtet und erkennt, daß es keine gute Welt ist, daß die Welt zwar gut gemeint ist, daß sie aber für zwei Drittel aller Menschen Chaos darstellt. Das bedeutet also, daß man seine Kinder in einem wachsenden Bewußtsein für Recht und Unrecht zu erziehen versucht. Ich denke, daß dies die erste Vorbereitung ist, mit der Kinder die Bibel in einem viel höheren Alter lesen können.

Ich finde es überaus heikel, wenn man Kindern die Bibel auf dem Niveau von Märchen erzählt. Man kann sie natürlich mit biblischen Geschichten und Figuren vertraut machen, aber wenn man sich einmal vor Augen führt, daß es sich dort um Lebenskonzeption handelt, um interpretierte Lebenserfahrung, die in diesen Figuren und Geschichten Gestalt erhält, dann muß man befürchten, daß Kinder, die noch keine (bestenfalls eine diffuse) Lebenserfahrung besitzen, die Bibel in ihrer eigentlichen Bedeutung nicht verstehen. Ich glaube, daß viele Kinder (je nach ihrer Entwicklung natürlich) erst etwa mit sechzehn in einem Stadium sind, in dem sie diese Reflexion ihrer eigenen Erfahrung angehen können. Wenn feststeht, daß sie Erinnerungen an Ungerechtigkeit haben und daß sie diese Erinnerungen interpretieren können, dann ist – so meine ich – der Moment gekommen, wo man sie vernünftigerweise mit jenem Buch konfrontieren kann. Sie werden das Wesentliche der Bibel niemals begreifen, wenn man nicht zuvor ihren Blick für diese Welt geschärft hat. Man muß Kindern erst die Perspektive vermitteln, die auch die Bibel besitzt, die zwischen Recht und Unrecht unterscheidet, die auf die Opfer des Unrechtssystems achtet, das wir «unsere Wirtschaftsordnung» nennen. Ich stelle oft fest, daß Leute, die zu einem falschen Zeitpunkt, in einem zu frühen Stadium ihres Lebens, die Bibel eingetrichtert bekommen haben, in ihrem späteren Leben unendlich viel intellektuelle Anstrengung benötigen, um jene Glaubensgeschichte wirklich auf eine erwachsene Art und Weise verstehen zu können. Die Blockaden, die bei Kindern erzeugt werden, sind manchmal so groß, daß man sich im Erwachsenenalter von dieser Geschichte befreien muß, damit man in der Lage ist, menschlich von Menschen zu denken. Die Bibel ist dann für die geistige Gesundheit ganz offensichtlich schädlich gewesen. Von dem Moment an, da wir das einzusehen beginnen, sind wir für einen neuen Stil der Bibelauslegung verantwortlich.

5.

Was die gymnasialen Fünftkläßler im «Roten Hut» sagten, dachten, so in etwa, manche toternst, stimmt überein mit dem gewöhnlichen, gängigen Sprachgebrauch. Was ist die geläufige Bedeutung von «Gott»? Höchstes Wesen. Allmächtig. Stark. Streng. Belohnt und bestraft. Immer ein «Er», manchmal ein «Es», das wird dann schnell «das Schicksal».

Der Großteil der 63–70 Prozent Niederländer, die von sich sagen, «an so etwas wie Gott» zu glauben, kann nicht klar und deutlich angeben, was sie denn glauben oder was «glauben» meint, wie sie das machen, wie sie ursprünglich einmal dazu gekommen sind. Die meisten verheddern sich in ihren eigenen Formulierungen und widersprechen sich. Dieser strenge Allmächtige ist ein großes Rätsel, man kann ihn letztlich nicht verstehen, und das meint dann halt «glauben».

Ein sechsundfünfzigjähriger Mann – streng reformiert erzogen – erzählte in einem Interview folgendes: «Wenn ich in den Spiegel sehe, denke ich: du taugst rein gar nichts. Mit deinen Absichten und was so alles an Finsterem in dir brodelt. Ich kann es nicht mal genau sagen. Und das braucht ja auch niemand zu wissen. Das wird schon zum Vorschein kommen beim Jüngsten Gericht. Manchmal sehe ich im Spiegel nicht mich, sondern Gott. Und dann denke ich: so sieht er mich und sagt zu sich, an dem taugt aber auch gar nichts. Verrückt, ich bin es nicht selbst, da im Spiegel, das ist Gott.»

«Gott» – die Projektion des eigenen Selbsthasses. Gott? Paß nur auf, er wird dich schon kriegen. Wer die niederländische Literatur von Arthur van Schendel bis Maarten 't Hart studiert, stößt auf ziemlich viele Leute, die in ähnlicher Weise von Gott und sich selbst denken. So wuchert der Calvinismus also in Menschen weiter fort? Ja, und bei anderen ist es der vatikanische Katholizismus oder das Luthertum oder eine andere Variante der christlichen Tradition. Vielleicht ist es meist auch nur ein zufälliges Zusammentreffen bestimmter Umstände, die Kombination eines Kaplans, bei dem man

Religionsunterricht hat und der ein bißchen eigenartig und fanatisch ist, und einer weinerlichen Mutter zu Hause. Wie kommen wir zu dem, was wir «denken» und «erleben»?

Im Sommer 1985 brachte das «NRC-Handelsblad» in seinen Kolumnen die Serie «Betrachtungen und Bekenntnisse» unter dem Obertitel «Das Phänomen Religion». J. L. Heldring behauptet in seinem Beitrag, daß Gott «der Erkenntnis nicht zugänglich» und die Geschichte «eine einzige Aneinanderkettung sinnloser Ereignisse» sei. Was sei beispielsweise der Sinn von Auschwitz? «Auschwitz ist für denjenigen, der von Gottes Existenz ausgeht, nur zu «verstehen», wenn er an einen Gott glaubt, der nicht zu verstehen ist, der – gemessen an menschlichen Maßstäben – unsinnig, wenn nicht sogar verrückt ist.» Dieser verrückte Herrscher, der Dinge zuläßt oder Tod und Verderben austeilt, wird in der gleichen Serie von Karl van het Reve «schlechter als der schlechteste Mensch» genannt. Man denke beispielsweise an ein Mädchen, das «von der einen Augenoperation zur nächsten geschickt wird.» «Der Gott der Christen kann sie aufgrund seiner Allmacht blind oder gesund machen. Das aber macht er, so meinen die Christen, von ihrem Beten abhängig. Einen Menschen, der sich so verhalten würde, sähe man für einen ausgemachten Schurken an.» Er fährt noch weiter fort. «Die Blindheit der Christen für die Schlechtigkeit ihres eigenen Gottes hat mich sehr getroffen, als ich einmal während einer Fernsehsendung ... in eine Diskussion mit einem Pfarrer geriet ... Ich erinnerte mich an die Sache mit Abraham, der von Gott den Auftrag bekommt, seinem eigenen Sohn die Kehle durchzuschneiden. Ist das denn keine Schurkentat dieses Gottes, fragte ich. Nein, erwiderte jener Pastor, ‹denn das wurde ja nicht nötig.› Im letzten Augenblick hält Gott – wie man auf vielen Gemälden sehen kann – die Hand Abrahams zurück. Jener Sohn blieb am Leben. Ich konnte diesem Pastor aber nicht verständlich machen, daß die Verhinderung dieses Mordes das Verhalten Gottes in keiner Weise besser macht.

Wenn ein Mensch so etwas täte, würde man den nicht für einen Schurken halten? Auf diese Frage konnte ich von diesem Christen keine positive Antwort erhalten.»

Der Pastor war bei dieser Diskussion in der unangenehmen Lage, daß er in einem hohen Tempo mit allen stereotypen Zügen des gängigen Gottesbildes konfrontiert wurde. Wahrscheinlich wäre es besser gewesen, er hätte zugegeben, daß hunderttausend Christen, ehemalige Christen (aller möglichen Schattierung) und ebensoviele, die niemals Christen waren, aber doch noch in einer christlichen (oder gerade nicht mehr christlichen) Kultur groß wurden, so «denken» und «empfinden», wie Heldring und van het Reve es zum Ausdruck gebracht haben.

Der Gott der christlichen Religion (das sei der Gott der Bibel, glauben sie) ist ein allmächtiges höchstes Wesen, das hätte Auschwitz verhindern können. Das aber hat es nicht getan. Also ist Gott ein allmächtiger Sadist. Und was er ist, das bleibt er auch, denn er ist ja ewig. Versuchen Sie einmal, sich aus dem eisernen Griff solcher gängigen Gottesvorstellungen herauszuwinden!

Unter Christen und Juden gibt es aber einige, die anders denken. Die die Erben einer anderen Tradition im Umgang mit der Bibel sind und mithin in jenen Erzählungen einem ganz anderen «Gott» begegnen. Einem Gott, den man bitten und anflehen muß? Nein, einem Gott, der die Menschen bittet und anfleht, daß sie sich einander erbarmen. Ein allmächtiger Gott? Nein, ein Gott, der genauso mächtig ist, wie die Menschen Gutes tun.

6.

Was nun – kein allmächtiger Gott? Nein, kein allmächtiger Gott. Aber handelt die biblische Glaubensgeschichte denn nicht von einem allmächtigen Gott? In der Bibel wird ein Gott besungen, der «kein Gott wie alle anderen» und über allen «erhaben» ist. Aber inwiefern ist er «mächtig»?

In der Zeit des Exils von Israel an den Flüssen Babylons, im 6. Jahrhundert vor Beginn der gängigen Zeitrechnung, wird der Gott Israels, der in den Büchern Mose ein Befreier-Gott genannt wird, von einem Dichter aus der Prophetenschule Jesajas besungen und «gleichgesetzt» mit «Schöpfer von Himmel und Erde». Und dies wird in dem ersten Kapitel des «ersten» Buches der Bibel, Genesis, in dem «Lied vom Anfang» ausgestaltet, das als ein Prolog, ein Eingangsgesang für die ganze biblische Glaubensgeschichte – sozusagen ein Vorwort – konzipiert wurde.

Da wird von diesem Befreier-Gott gesagt, daß er die «Menschheit» geschaffen hat nach seinem Bild («Menschheit» bedeutet jeder einzelne Mensch und alle Menschen zusammen). Sprechend wird er vorgestellt. Mit Macht spricht er «Licht», und es ist Licht. Er schafft durch sein Wort. «Er sprach: Laßt uns Menschen machen, nach unserem Bild, uns gleich.»

Nun ist eine Grundregel der jüdischen Schriftauslegung, daß man einen einzelnen Text erklären soll «im Lichte und gemäß dem Geist, der die Bibel insgesamt kennzeichnet», so Emmanuel Levinas («Diese Methode, die Bibel zu verstehen, nennt man Talmud.»).

Also gut, der Befreier-Gott ist ein Gott, der Menschen erschafft nach seinem Bild; die Bibel insgesamt ist die Geschichte dieses Befreier-Gottes. Aber dann kann die Formulierung «und Gott schuf die Menschen nach seinem Bild» – im Lichte dieses Ganzen – nichts anderes bedeuten als «er schuf sie so, daß sie befreien können». Daß sie wen befreien können? Daß sie einander befreien können.

Dieser Gott ist Freiheit schaffende Freiheit. Es steht dort: «Gott segnete sie, Gott sprach zu ihnen: seid fruchtbar, erfüllt die Erde und macht sie euch untertan» (Gen 1,28). Dieser Auftrag und Segen bringt den Umfang der menschlichen Freiheit zum Ausdruck. Gott, der Befreier-Schöpfer, setzt nur einen Anfang mit dem Projekt «Himmel und Erde»;

Menschen sollen es weiter fortentwickeln, sich die Erde untertan machen, sie nicht ausbeuten, sie behüten, sie kultivieren, ihre Geheimnisse kennenlernen, ihre Möglichkeiten zum Nutzen aller gebrauchen. Das zu tun, meint Freiheit.

Volle Freiheit bedeutet Verantwortung. «Der Himmel gehört Gott, die Erde hat er den Menschen gegeben», sagt Psalm 115. Und die Menschen hat er einander gegeben. Er hat sie verantwortlich gemacht für die gemeinsame Zukunft, sie ausgestattet für das Gute mit Herz, Seele und Verstand, mit einem Gewissen, das Unrecht vorab erahnt und Licht von Dunkelheit unterscheidet. Dieser Freiheit schaffende Befreier-Gott befreit also Menschen durch Menschen; und nicht anders. Er, der uns so gemacht hat, daß wir einander retten müssen, konnte Auschwitz nicht verhindern und kann auch in Zukunft keine Katastrophen verhindern, kein blindes Mädchen heilen und uns nicht aus unserer Schuld vor einander entlassen, nicht verzeihen, was wir einander antun. Durch die Tatsache allein, daß er freie Menschen schuf, gab er seine Schöpfung aus den Händen. Aber «frei» bedeutet auch: daß er uns mit der Möglichkeit geschaffen hat, einander zu vergeben, uns gegenseitig die Schuldenlast zu erleichtern (sogar ganz aufzuheben), ein neues Auschwitz zu verhindern, neue Heilungsmethoden aufzuspüren und diese Welt so zu gestalten, daß Krankheit und Leid nicht auf die kleinsten, schwächsten, ärmsten Menschenkinder abgewälzt werden.

Wie ist Gott mächtig? Durch und in seinem Wort. Er erschafft und befreit durch und in seinem Wort: Licht! Werde!

Wo ist Gott? In «seinem» Himmel, in seiner Verborgenheit in sich. Und in dem Wort, in dem er sich selbst ausspricht: in seiner Thora, die Menschen anleitet aufzubrechen, Licht zu sein, sie anfleht, heilsam füreinander zu sein, Auschwitz zu verhindern. In seinem Wort, das an volle Verantwortlichkeit des Menschen appelliert, ist er gegenwärtig. Und insofern jenes Wort von Menschen umgesetzt wird, «Fleisch» wird in

Menschen, «ist» er in Menschen. Die kürzeste Zusammenfassung dieser Thora ist das «Gebot der Liebe». Der Gott, der in der Bibel der «mächtige» genannt wird, der Befreier und Schöpfer, «ist» und kommt und wirkt in und durch jenes Wort «Liebe deinen Nächsten, der ist wie du». Liebe? Ja, gib ihm zu trinken, zu essen, alles sonst noch, all das, was du selbst zum Leben benötigst! Setze Fakten der «Liebe»! Gemeint ist nicht ein warmes Gefühl, sondern eine Lebenshaltung, und nicht eine innere Haltung, sondern Handeln. Jesus hat dieses Wort im Geist seiner Tradition mit der Parabel vom «barmherzigen Samariter» (Lk 10,25–37) gedeutet. Dieses Wort ist klar und deutlich. Nicht, weil es logisch zu beweisen wäre. Es ist genausowenig zu beweisen wie die Notwendigkeit dieses oder jenes Menschen, der mir hier und jetzt unvorhergesehenerweise gegenübersteht und mich um Hilfe bittet. Es ist klar und deutlich, weil es mein Gewissen weckt, mich verantwortlich macht, mich zu dem macht, was ich bin, mich auf meine Freiheit hin anspricht. Die Deutlichkeit dieses Wortes ist Gottes Macht. Mächtiger als alle Menschen, die dieses Wort leben, ist er in dieser Welt nicht. Mächtiger ist er als alle Offenbarungen der anderen: schöpferischer, befreiender als alle Worte ist das Wort von der Liebe. Dieses Wort von der Liebe ist in dieser Welt, es «wohnt» in unserer Mitte, es «geht» mit uns mit.

Im Gegensatz zu der Vorstellung, daß es einen der Erkenntnis unzugänglichen, unsinnigen, sogar verrückten Gott gibt, einen Willkür-Gott, einen eitlen Wichtigtuer, den man bitten und anflehen muß und der dann mal sieht, ob er vielleicht gnädig Gehör schenkt, hält die Bibel beharrlich an dem Gedanken fest, daß es einen Gott der Liebe gibt, dem die Menschen nicht gleichgültig sind, sondern der sie hoch achtet. Der ihre Liebe ersehnt.

Wie könnte er unsere Liebe begehren, wenn er uns nicht frei geschaffen hätte, ihm diese Liebe zu schenken oder zu verweigern? Niemand ersehnt doch die Liebe eines anderen, wenn dieser nicht frei ist, Liebe zu schenken. Warum hat er uns frei geschaffen? Weil ihm an Freundschaft lag, gleichwertiger Liebe.

7.

Warum nur spukt in unseren Köpfen noch immer die Vorstellung von einem allmächtigen Gott? Ein Gott, der das Böse, das Menschen einander antun, verhindern könnte, es aber nicht tut – so ein Gott ist irrelevant für die Lebenspraxis. Aber ein Gott, der Menschen anfleht, sich zueinander zu bekehren, so ein Gott-der-Liebe ist bedeutsam für das Handeln. Der Name dieses Gott-Befreier-Schöpfers lautet in der biblischen Geschichte «Ich werde da sein». Dieser Name ist ein Lebensprogramm, das konkret umgesetzt, getan werden muß. Dieser Name wurde Menschen offenbart, damit sie ihm nachfolgen. Wie soll man sich das vorstellen? Wir haben Kinder, Freunde, Geliebte, Eltern, einen Partner, Kollegen bei unserer Arbeit, Nachbarn: Weggefährten aller Art und jeden Alters, viele oder wenige, in unserer Nähe oder weit entfernt – «ich» meint ein «Ich-und-all-die-anderen», ein «Ich-allein» gibt es nicht und ist undenkbar.

Wir wissen, daß diese anderen mehr oder weniger, aber doch wirklich, «in Not» geraten, wenn wir uns von ihnen abwenden oder uns sogar gegen sie wenden. Auch wissen wir, daß wir zu uns selbst, zu unserer Bestimmung finden, wenn wir einige andere vor Durst oder Einsamkeit bewahren oder ihnen in ihrer Not helfen können. Dieses «Wissen», daß man für jemanden konkret dasein muß, meint «Gewissen», inneres Licht, heiliger Geist, Gott-in-uns. «Ich werde da sein»-in-uns.

Das Wort «allmächtig» bleibt ein schwieriges und irreführendes. Es prägt – bis auf den heutigen Tag – unser Denken und Fühlen von Gott und lenkt uns in eine verkehrte, da unmenschliche Richtung. Mein Vorschlag ist daher, daß wir vereinbaren, was wir unter diesem Wort verstehen. Das scheint mir realistischer als es abschaffen zu wollen. Das gelingt doch nicht – bei keinem Wort. Vielleicht aber ist es möglich, ihm eine Interpretation zu geben, die mit dem Kern der biblischen Glaubensgeschichte übereinstimmt, so wie dieser im allerersten Kapitel des ersten Buches, Genesis, in jenem «Lied vom Anfang» zum Ausdruck kommt. Und diese Interpretation könnte man «unserer Jugend» vermitteln.

«Ich glaube an Gott, den allmächtigen Vater» – so beginnt das Credo der christlichen Kirchen. Glaube ich an Gott, den allmächtigen Vater? Wenn «glauben» meint: ich hoffe, ich sehne mich nach, ich vertraue mich an, ich setze mich ein für, ich lebe für, ich lebe das Wort von «Gott». Wenn «Gott» meint: Anfang, Neubeginn, Quelle eines Neubeginns, Freiheit schaffende Freiheit, Quelle von Licht von Licht von Licht. Wenn «Vater» meint: Mutter-und-Vater, Elternschaft. Wenn «Elternschaft» meint: Freiraum zu schaffen, ihn zu schützen, ihn wiederherzustellen, auf daß kein Menschenkind bedroht, geschlagen, geopfert werde. Und wenn «Allmacht» meint: «Freundschaft-und-Erbarmen», siebzig mal sieben mal Vergebung und Liebe stärker als der Tod – ja, dann glaube ich an Gott, den allmächtigen Vater.

Raum schaffen, Raum bewahren, Raum erkämpfen, wenn es sein muß. «Liebe ist Raum geben, Zeit lassen, Güte und Geduld», sagt Paulus in dem «Lied von der Liebe» (1 Kor 13). Ist Gott Liebe? Gott meint: Raum schaffen.

8.

In der jüdischen Tradition der Bibelauslegung gibt es den Midrasch, die Geschichte der Geschichte. Sie interpretiert, spitzt zu. Ich habe einmal versucht, so etwas wie einen Midrasch zu den Worten «allmächtiger Vater» zu schreiben. «Angenommen, Vater» heißt die Erzählung, und sie beginnt folgendermaßen:

Gott wollte einmal für eine Woche raus: seine Geschöpfe sehen, schauen, wie's ihnen so gehe. Er sprach darüber mit Elija. «Ich leihe mir dein langes Haar, deinen ledernen Gürtel, deinen Namen», rief er, «für eine Woche. Bist du einverstanden?» «Natürlich,» sagte Elija, «aber viel nützen wird es dir nicht. Dich erkennt sowieso jeder.» «Wen soll ich denn mal besuchen?» rief Gott. «Schlag mal was vor.» «Den Richter, den Makler, die Blumenfrau,» schlug Elija vor, «die Ameisen, den Hasen, die Insel. Was möchtest du denn?» Gott dachte angestrengt nach. «Ich kann mich nicht entscheiden,» rief er dann, «entscheide du ruhig.» Elija verschickte sieben Briefe: ‹Sie erhalten heute Besuch von jemandem mit langen Haaren und einem ledernen Gürtel. Er heißt Elija.› Für jeden Tag der Woche verschickte er einen Brief.

[Nach sechs abenteuerlichen Tagen gelangt Gott in eine Stadt. Es ist Sonntag – und endlich kommt es zu einer Begegnung, die entscheidend für seine ganze weitere Zukunft wird.]

Kirchzeit. Die Glocken läuteten, schwermütig oder heiter – die Menschen beeilten sich, ihn zu loben und zu preisen. Ihn beschlich ein merkwürdiges Gefühl. Es war sein letzter Tag, und viel Neues wußte er eigentlich nicht zu berichten. Irgendwo nahm er etwas zu sich, an einer Imbißbude, zwischen Mofas, und am Nachmittag fragte er, sich nach links und rechts wendend: «Könnt ihr mir sagen, wo die Abelstraße ist? Da entlang?» «Nein, in diese Richtung.»

Er ging und ging. Glockenläuten. «Schon wieder» rief Gott. Plötzlich befand er sich in der Abelstraße. In der Nr. 33 müßte eigentlich, so wie Elija sagte, ein Priester wohnen. Je näher er der Nr. 33 kam, um so nervöser wurde er. «Was ist eigentlich ein Priester?» fragte er sich. «Hat der Flügel wie ein Engel, ist das einer, der viel Ahnung hat, wo es langgeht, und von mir? Er wird sicher das Beste wollen mit der Welt, aber wie geht er mit seinen Kindern um, ist er nett, stark? Bin mal gespannt.» Aber der Priester war nicht da. «Bei allem Respekt,» hatte dieser gedacht, als er den Brief erhalten hatte, «aber deshalb bleibe ich doch nicht extra zu Hause. Elija ist schließlich nicht das Evangelium.»

«Aha, Nr. 33» rief Gott. Er klingelte. Niemand öffnete. Er wurde traurig. «Ich hab aber auch nur Pech», rief er. «Nun bin ich schon eine ganze Woche unterwegs zu meinen Geschöpfen. Aber es soll wohl nicht sein – so wie es aussieht.» Er schellte, wartete. Es fing an zu regnen. Sonntagabend! Er klingelte noch einmal. Der kleine Dachvorsprung über der Haustür war nur sehr schmal, und er wurde langsam naß. Da sah er, daß unter demselben Dach noch ein Haus war, mit noch so einer Tür und so einer Klingel. Er schellte, weil er ganz durchnäßt wurde.

Ein Junge machte auf und sagte: «Mein Vater ist nicht zu Hause.» Ein Mann zeigte sich. «Sind Sie nicht zu Hause?» rief Gott. «Eigentlich nicht,» sagte der Mann, «aber kommen Sie nur rein.» «Ich habe meinen Besuch gar nicht angekündigt,» sagte Gott, «je m'excuse», denn er sah eine Büste von Napoleon im Flur. «Was möchten Sie denn?» fragte der Mann. «Eigentlich nichts», rief Gott. «Aber wo ich nun schon mal hier bin.» Es geschah, ohne daß sie es merkten. Sie unterhielten sich stundenlang. Der Junge war schon lange zu Bett. Sie wurden Freunde. «Möchtest du mein Sohn sein?» fragte Gott plötzlich. Er erschrak selber bei dieser Frage, wußte aber auf einmal, daß das die Frage war, die ihn aus dem Himmel getrieben hatte, für eine Reise von einer Woche. «Erstens,» sagte der Mann, während er seine Brille absetzte, «bin ich wahrscheinlich genauso alt wie du. Und zweitens: willst du denn mein Vater sein?» «Wie meinst du das?» rief Gott. «Ja, wie meine ich das?» sagte der Mann. «Daß du mir nicht ständig an den Fersen hängst und mir vorschreibst, was ich alles ... daß ich fühlen darf, was ich fühle, und denken, was ich denke. Daß ich dich nicht anzubeten oder zu fürchten brauche.»

Gott sah ihn mit großen Augen an. «Und daß kein Bild von dir über meinem Bett hängen muß,» fuhr der Mann fort, «und daß ich meine Kinder nicht nach dir benennen muß, nicht mal von dir zu träumen brauche. Kannst du das haben? Was meinst du? Und kannst du warten? Und schweigen? Du, mit deinem Gerufe?» «Nie darüber nachgedacht», sagte Gott. «Weiß nicht. Eigentlich müßte ich schon lange weg sein, bin schon einen Tag über der Zeit.» «Und all die Geschöpfe,» sagte der Mann, «die wie Ameisen an dir hochkrabbeln werden, wenn sie einmal wissen, daß du ihr Vater sein willst.» «Frag am besten Elija», sagte Gott – zum ersten Mal mit sanfter Stimme. «Elija hat uns nicht geschaffen», sagte der Mann.

«Jetzt muß ich aber fort», sagte Gott, und er lief zur Tür. «Wirst du nicht böse, wenn wir dir so gar nicht ähnlich sind?» fragte der Mann. «Willst du auch dann noch unser Vater sein?» Gott schwieg. Seine Hand bereits auf der Türklinke. «Ich will es versuchen», sagte er dann, und fing an zu weinen. Alle Ströme der Berge und verborgenen Quellen brachen in ihm los. «Was stehe ich hier denn herum und heule?» sagte er nach einer Weile. «Ich muß weg, es ist schon höchste Zeit.» «Heul nur» sagte der Mann. «Wer würde wohl nicht weinen bei dem Anblick so vieler Menschen. Ja, ich will dein Sohn sein.

Auf Wiedersehen.» «Auf Wiedersehen» sagte Gott.

Das Lied von der Erde*
Ein Lehrgedicht

Stimme eines Kindes

Dann schuf Gott den Menschen nach seinem Bild.
Männlich, weiblich schuf er
Menschheit und sprach: Sei fruchtbar,
diese Erde erfülle mit Glück –
dienen sollst du, behüten
diese Erde, mein Werk.

Und es ward Abend und Morgen.

Stimme einer Frau

Die Erde verdarb vor Gottes Augen.
Die Erde faulte dahin.
Gott sah die Erde: verdorben.
Die Menschen gingen auf Erden
den Weg von Verfall und Gewalt,
den Weg von Gewalt und Verderben.

Und es ward Abend und Nacht.

* «Das Lied von der Erde» wurde 1989 in den Niederlanden von Tom Löwenthal vertont.
Alle Texte werden gesungen, der Text Gottes von einer Sopranistin.

CHOR DER FRAUEN

Erde. Diese.
Einzig denkbare.
Rund und blau im Weltraum.
Mit Sonne, Mond und Sternen,
Gezeiten des Jahres,
mit Flüssen, die strömen zum Meer.
Und nichts fällt hinauf
und alles hinab.
Und nichts ist schon fertig
und alles noch nirgends.
Und überall Menschen,
die wissen von nichts
und machen doch alles –
und alles verderben,
die Zeiten und Flüsse.
Und achtlos töten.
Und sterben und töten
und sterben.

ZWEI MÄNNERSTIMMEN

1
Wir sterben und töten, verderben die Erde.
Zum Bösen sind wir geschaffen.

2
Geschaffen zum Guten, zum Bösen bereit,
das nistet und wuchert in uns.

1
Unfähig, dem Bösen zu widerstehen,
so sind wir geschaffen. Unschuldig.

2
Bestimmt und ermächtigt, das Böse zu tilgen,
gerufen zu retten einander, die Erde:
so sind wir geschaffen.

1
Wir sterben und töten, verderben die Erde.
Das Chaos ist unser Vater.

KLEINER CHOR VON BIBLISCHEN PROPHETEN

Die Erde welkt und verkümmert.
Verwelkt die Erde, verdorben.
Verödet Erde und Himmel.

Und dasselbe Geschick
wird treffen den Mann wie die Frau,
den Knecht wie seinen Meister.

Käufer, Verkäufer, Pächter, Verpächter,
Gläubiger, Schuldner:
allesamt gleich.

In den Straßen hört man noch Jammern
um Wein – «Wo gibt es noch Wein,
noch ein paar Tropfen Genuß?»

Genuß ist verbannt, Lachen erstorben.
Nur noch Verwüstung ist übrig,
Trümmer nur, Erdenbewohner.

Die Fundamente der Erde
stürzen dem Abgrund zu.
Der Himmel bröckelt in Stücke.

Die Erde wankt und taumelt,
stocktrunken schwankt die Erde,
wackelig wie eine Hütte

fällt und steht nicht mehr auf.

Zwei Stimmen aus dem Prophetenchor

Da war es, daß es geschah,
und es begab sich, da.
Da war es, als ob zwei Augen,
als ob Stürme von Atem,
als ob jemand aus Atem,
als ob jemand mit Augen –

nicht einer von uns,
nicht ich mit dem rauhen Stimmband,
nicht ich mit der feurigen Zunge –

da war es, daß es geschah,
und es geschah: Gott sah
die Erde und ihre Menschen.

Und sein Herz krümmte sich.

Eine Prophetenstimme

Dies war es, was Gott dachte:
Was hätte ich tun können
und habe es nicht getan?
Chaos habe ich gebändigt,
den verschlingenden Vater;

Zeit habe ich gemacht,
Lichtjahre, Lebenstage,
Sekunden, Stille, Räume,
Menschheit nach meinem Bild:
Mann, Frau, Auge in Auge,
Freiheit und Gewissen,
ein Herz ihnen eingegeben,
eine Seele hinzugefügt.
Was hätte ich tun können
und habe es nicht getan?

VIER MÄNNERSTIMMEN

1
Wir sterben und töten, verderben die Erde.
Zum Bösen sind wir geschaffen.

2
Es gibt viele Menschen, die Gutes tun,
doch hat das Böse mehr Macht.

3
Er hat uns unfähig gemacht,
dem Bösen zu wehren.

4
Er gab uns ein Herz, doch es schwankt,
schlotternde Knie, schlafende Hände.
Unsere Seelen sind dunstige Fernen.

1
Gewissen: eine Schlange, die sich windet und zischelt.
Freiheit? Du treibst mit dem Wind, der dich fortweht.

3
Ach, Gott – er meinte es gut, doch bewirkt nichts.
Sturmwinde wirken, Orkane, Zyklonen.
Wüste frißt Oasen. Doch Liebe ist wehrlos.

4
Du bist nach dem Bilde des Chaos geschaffen.
Krieg ist dein Vater. Durst deine Mutter.

1, 3 UND 4 ZUSAMMEN

Erde und Chaos,
Dunkel und Licht sind wir.
Beide im Gleichgewicht –
oder obsiegt doch
die Macht der Finsternis,
und führt alles, was
schön und rechtschaffen ist,
auf Dauer doch nur
in die Verdammnis –
schau sie dir an
die Weltgeschichte!

2
Oder scheint doch Licht in der Zukunft?

Stimme des Realisten

Mein Herz sagt es mir.
Es ist mein voller Ernst.
Ich sag es rundheraus –
und sag es unverblümt
in dein frommes Angesicht:
Dein Gott, das ist kein Gott.
Denn, was ich seh und hör
und weiß von dieser Welt,
sagt mir: ihm, deinem Gott,
gehört die Zukunft nicht:
der setzt sein Recht nicht durch.
Erde glückte ihm noch,
Gesetze der Natur,
die Schwerkraft und der Tau,
aus Raupe Schmetterling,
die Bahnen der Planeten,
der Trieb des wilden Tieres.
Aber am sechsten Tag
hatte er (oder sie)
Allmacht und Vorsehung nicht gut
beisammen.
Sieh nur, hör nur!

Chor der Männer

Erhebe dich, Gott,
und schlage die Schwätzer mit Stummheit,
die Protzer mit Blindheit.
Erhebe dich und mach doch deutlich,
daß du wohl Rat weißt, Ewiger,
gegen solch klugen Unsinn.

STIMME DES REALISTEN

Deutlich machen und blenden,
Licht und Dunkelheit schaffen –
was sagte ich?
Das tut ein Gott,
dessen letzte Epochen gezählt sind.

STIMME GOTTES

Ich weiß Rat, doch nicht den.
«Schlagen mit Stummheit und Blindheit»
tun die Großen der Erde.
Mein Rat ist, daß ich glaube
an die Freiheit der Menschen,
meine Hoffnung setze auf Menschen:
daß sie wählen, was gut ist.

Andere Macht habe ich nicht
als die Güte von Menschen.

Ich habe sie frei gemacht,
um das Gute zu tun.
Ich werde es dabei lassen.

GROSSER CHOR DER FRAUEN UND MÄNNER

Gott, allmächtig, dann hast du dein Werk
nicht vollbracht mit Verstand.
Sieh den Menschen –
nennst du das allmächtig?

Stimme Gottes

Ihr sagt allmächtig.
Ihr nennt mich Gott.

Doch ich bin der ich bin –

und nicht mächtiger
als Menschen gut sind.

Grosser Chor

Doch dann ist alles verloren.
Aus Willkür morden die Menschen.
Wo ist in ihnen dein Bild?

Stimme Gottes

Sie sind geschaffen zur Freiheit,
mit einem Herzen, das ahnt,
was Recht ist und Unrecht.

Stimme des Realisten

Niemand tut, was Recht ist.
Du hast ihr Herz geschaffen,
doch nicht ihr Herz allein.

STIMME GOTTES

Eingeprägt: Verstand,
der hinstrebt zur Wahrheit.
Eingeschärft: Gewissen,
das Licht und Dunkel trennt.

STIMME DES REALISTEN

Und das nennst du Freiheit?

STIMME GOTTES

Ja, das nenne ich Freiheit.

CHOR DER FRAUEN

Du bist ein lieber Schatz,
doch so naiv – warum
hast du uns frei geschaffen?

STIMME GOTTES

Weil mir an Freundschaft lag,
und gleichrangiger Liebe.

Grosser Chor

Weil ihm an Freundschaft lag,
und gleichrangiger Liebe!
Aber sieh doch, was geschieht:
Feindschaft herrscht und Haß.

Stimme Gottes

Ich seh wohl, was geschieht.
Ich hör das bange Schreien
der ganzen Kreatur,
den Schrei der Unterdrückten.
Doch auch, was noch nicht ist,
seh ich vor meinen Augen:
die kommende Befreiung,
daß sie zur Freiheit wachsen,
daß sie einander befreien
und beleben.
Ich weiß, was einst sein wird:
Menschheit nach meinem Bild
hat gerade erst begonnen.

Grosser Chor

Aber sieh doch, was wir tun:
unsere Freiheit gebrauchen,
um einander sterben zu lassen.
Wie lang noch kannst du zusehen,
daß wir sind, wie wir sind?

Stimme Gottes

Ward je ein Land an einem Tag geboren,
ein Haus gebaut in drei Tagen?
Wer zähmt mit einem Faustschlag das Meer?
Wer erntet am Tage des Säens?

Grosser Chor

Ward je ein Land an einem Tag geboren,
ein Haus gebaut in drei Tagen?
Wer zähmt mit einem Faustschlag das Meer?
Wer erntet am Tage des Säens?

O Gott, erhebe dich und mach dich stark,
stärker als je zuvor.
Sei in uns
Freiheit, Herz, Verstand, Beharren.
Sei Neubeginn in uns,
Gott in Menschen.

Stimme Gottes

«Ich werde da sein» ist mein Name.
Liebe geworden in Menschen,
in Menschen Gott werde ich sein.

GROSSER CHOR

Wir möchten, daß es so ist.
Wir hoffen, daß es so wird.
Wir denken, daß es nicht geht.
Wir singen, daß es sein wird.

Und wenn es Liebe gibt,
dann wird es, auch wenn's nicht geht.
Dann geht es doch, denn es muß,
weil es so nicht bleiben kann.

STIMME GOTTES

«Ich werde da sein» ist mein Name.
Liebe geworden in Menschen,
in Menschen Gott werde ich sein.

STIMME DES REALISTEN

Doch auch das Böse bleibt,
wuchert fort wie Unkraut,
nistet sich ein in das Herz.

STIMME GOTTES

Bis in das dritte und vierte Geschlecht
wird es fortgären, das Böse.
Sicher, doch nicht schicksalhaft,
gefährlich, doch nicht untilgbar.
Denn Liebeskraft und Erbarmen
wird tausend Geschlechter lang währen.

Siebenmal kommt die Rache,
siebenmal siebzigmal kommt mein Erbarmen.
Ich werde da sein in allen,
die sich einander erbarmen,
der Erde dienen, sie hüten,
das Chaos wenden. Fürchte dich nicht.
Ich werde da sein in Menschen.

Chor der Frauen

Und die Toten, so zahlreich
wie Sandkörner am Strand des Meeres –
die Toten, wie Tränen vergossen?

Chor der Männer

Die Toten, verwest in der Erde,
wie Tränen versteinert im Grund?

Stimme Gottes

Sie liegen gesät
wie Korn in der Erde,
sie werden aufstehn,
wogende Garben,

ein neuer Morgen.

STIMME DES REALISTEN

Du setzt die Worte so schön
wie Perlen, du sprichst sie so schön –
bist du auch der, der sie tut?

STIMME GOTTES

Ich bin der, der sie spricht.
Wir sind die, die sie tun.
Die Erde wird es erleben.

KLEINER CHOR BIBLISCHER PROPHETEN

Die Erde wird blühen und leuchten
wie ein Narzissenfeld,
wie ein Stern am Himmel.

Ein und dasselbe Licht
strahlt auf alle nieder –
öffnet blinde Augen.

Wo jetzt der Schakal haust,
das Otterngezücht,
wird einst die Tränke sein.

Dort werden Hirsche trinken.
Die Bäume tragen Frucht.
Dann wird ein Tisch dort stehen.

Ein Lied erklingt, ein Lachen
von Menschen beieinander –
kein Mensch mehr ohne den andern.

Ein Zelt in einem Garten
am Rande des Abgrunds,
ein Korb auf dem Wasser,

eine Leiter hin zur Sonne,
eine Freistatt ist die Erde,
ein Haus, wo alles wohnt,

das steht, in Ewigkeit.

Grosser Chor der Frauen und Männer

Erde. Diese.
Einzig denkbare.
Rund und blau im Weltraum.
Mit Sonne, Mond und Sternen,
Gezeiten des Jahres,
mit Flüssen, die strömen zum Meer.
Und nichts fällt hinauf
und alles hinab.
Und nichts ist schon fertig
und alles noch nirgends.
Doch hier und da Menschen
und stets mehr und überall,
Menschen, die tun,
was getan werden muß.
Die langsam, doch sicher,
besessen von Liebe,
die Erde heben
aus dem untersten
Abgrund.

STIMME EINER FRAU

Der Erde drohte Verderben.
Und da gab es Menschen, die dachten:
Fahre nur hin in den Abgrund.
Doch andere Menschen nahmen die Erde
und wuschen sie mit ihrem Blut.
Und die Erde genas

und wurde zur neuen Erde.

STIMME EINES KINDES

So schuf Gott den Mensch nach seinem Bild.
Weiblich, männlich schuf er
Menschheit und sprach: Sei fruchtbar,
diese Erde erfülle mit Glück –
dienen wirst du, behüten
diese Erde, mein Werk.

Und es ward Abend und Morgen.

Die Kraft, die von ihm ausging

Notizen über Jesus von Nazareth

1.

Er – man begegnet ihm in Büchern, Fußnoten, Predigten. Einem Film. Einem Spruch auf einem T-Shirt. Er – ein Schlagwort, ähnlich wie «Gott». Er findet sich in dem Wappen eines Bischofs ebenso wie in einem Song von Simon and Garfunkel («He loves you more than you will know»). Orgeln, Kerzen, kranke Tiere und Königskronen, Grundsteine, Fahnen, Flugzeuge, Wasser und Feuer wurden – und werden noch immer – in seinem Namen gesegnet. Seit jenem «Tag des Herrn» im Jahre 311, als Konstantin, Herrscher der damaligen Welt, sich taufen ließ, wurden nicht nur die Juden, sondern fast alle Minderheiten in seinem Namen verfolgt.

Am Strand des Stillen Ozeans oder in einem Freibad in Rotterdam, in Kirchen und Kapellen oder im kleinen Kreis einer freikirchlichen Gemeinde, in großer Zahl oder als Einzelne – noch immer werden Menschen in seinem Namen getauft. Er ist der Gott der europäischen Bildung und der christlichen Kultur. In politischen Parteiprogrammen und päpstlichen Schreiben ist er (wenn es hinkommt) das erste und das letzte Wort. So tot, so unglaublich beliebiger Besitz von jedermann ist er, wenn sein Name gedruckt wird. Wer über ihn schreibt oder von ihm spricht, beteiligt sich an dieser Tatsache.

Keiner der Geschichtsschreiber seiner Zeit erwähnt ihn – bis auf einen. Sein Schicksal spielte sich in einem entlegenen Winkel der Welt ab. Er starb einen schändlichen Tod, wenn auch nicht den schlimmsten. Er wurde gekreuzigt. Die Art und Weise läßt sich ziemlich genau beschreiben: ein gerader Pfahl und ein Querbalken darauf – in T-Form. Die Hände an dem Querbalken, durch die Knochen des Handgelenks hindurch, festgenagelt. Die Füße gefesselt oder am Stamm angenagelt. Tod durch Erschöpfung: Hunger, Durst, Mücken, Hornissen. Die Augen der Leute, die sich auf ihn richteten: erschüttert, spottend, neugierig, gleichgültig. Zwei bis drei Tage dauerte so etwas gewöhnlich. Bei ihm aber ging es ziemlich schnell – dauerte es etwa sechs Stunden. Der Ort, an dem das geschah, hieß Golgota, Schädelstätte. Vergleichbar der Müllkippe einer modernen nahöstlichen Stadt.

Das Todesurteil lautete: Ketzer. Er habe Gott gelästert, er sei gegen den Tempel, sagt man, (im gleichen Atemzug) er sei gegen den Kaiser, gegen die Besatzungsmacht, gegen die bestehende Ordnung – ein gefährlicher politischer Abenteurer sei er. Der Besatzer selbst sieht das nicht so dramatisch, gibt aber letztlich nach: Jedes Volk verlangt halt ab und zu mal nach Brot, Blut und Spielen.

Was für ein Tod! Im Zuge eines willkürlichen, korrupten Prozesses wird er aus dem Weg geräumt, und das Leben geht weiter. Eine Schar von Freunden und Bekannten behält seinen Namen in Erinnerung und erzählt weiter von ihm.

Zehn, zwanzig, dreißig Jahre vergehen nach seinem Tod. Vielerlei Geschichten und Bekenntnisse von ihm kursieren, aber immer läuft es auf das Gleiche hinaus: Er. Unvergeßlicher Mensch. Kleine, manchmal ungeschickt erzählte Anekdoten und kühne lyrische Betrachtungen, auch höchstpersönliche Erinnerungen werden so arrangiert und komponiert, daß in allen diesen Bruchstücken von Überlieferung seine einzigartige Bedeutung erhalten bleibt.

Was davon klingt heute noch aus einem Evangelientext oder einer exegetischen Erläuterung heraus, wenn man sie wieder und wieder liest bzw. sich anhört?

2.

Er liebt die Menschen. Immer ist er bei den Menschen. Er sucht sie auf – sie suchen ihn auf. Wer? Offiziere des Heeres, Steuerbeamte, Mütter mit Kindern, Witwen, Fischer, Bettler,

Blinde, Zinswucherer, Schriftgelehrte. Keinem, der ihn sucht, weicht er aus – keinen Kontakt verweigert er. Er selektiert nicht. Er gehört zu jedem. Er ist frei für jeden, dem er begegnet. Er erobert die Menschen durch seine Unbefangenheit, mit der er ihnen entgegentritt. Er läßt sich erobern und entwaffnen, etwa von der Frau (sie gehört nicht zum Volk Israel), die ihn so lange anfleht und bittet, bis er tut, was sie verlangt: ein Wunder, ihre kleine Tochter heilen. Der Menschenmasse aber, dem «man», der «öffentlichen Meinung», weicht er aus. Er zieht sich zurück in die Verborgenheit, um allein zu sein, um zu beten.

Inmitten einer Gesellschaft, in der es von Parteien, Sekten, Untergruppierungen, Ständen und Klassen, Ämtern, Zuständigkeiten, Kontaktproblemen, kulturellen Normen, religiösen Gesetzen und babylonischer Sprachverwirrung nur so wimmelt, bewegt er sich, als wüßte er es besser, als sei er überzeugt, daß es auch ganz anders aussehen könnte.

In einer Welt, in der man nur seine Brüder grüßt, nur seine Blutsverwandten kennt, verläßt er das schützende Dach seines Familienclans (der ihn aus diesem Grunde auch nicht versteht, gegen ihn ist, ihn für verrückt erklärt), ist aufgewühlt, gerührt wegen einzelner Menschen, wer es auch sei, Arme und Reiche. Niemanden fand er abstoßend, niemandem gegenüber fühlte er sich als etwas Besseres.

Wer sie auch sein mögen – er geht auf sie zu und fragt: Wer bist du? Warum lebst du? Warum lebst du nicht? Und er sagt ihnen: Du müßtest ganz neu geboren werden – für dich ist es, das Königreich Gottes, dieser neue Anfang – für dich, der du so grübelst – für dich mit all deinem Prestige, wenn du bereit bist, arm zu werden, ein Kind zu werden, wenn du dich selbst im Geringsten der Menschen zu erkennen bereit bist.

Auch für Prinzen und Prinzessinnen und ihre ganzen internationalen Bluts-, Standes- und Kapitalverwandten. Auch diese reichen Armen können ihn finden. Dafür aber müssen sie ihren Besitz aufgeben, alles verkaufen, ausbrechen aus dem Schema des Sich-Sorgens und In-Scheunen-Hortens, aus dem Schema eines blinden und raubgierigen Lebensstils, des Kapital-Machens und Gewinne-Einstreichens, des Beherrschens von Markt und öffentlicher Meinung. Er ist ihretwegen bekümmert, denn eher kriechen Kamele durch ein Nadelöhr, als daß Reiche ihre Machtpositionen um der Armen willen aufgeben. Meistens wenden sie sich, weil ihr Besitz immens groß ist, betrübt von ihm ab.

3.

In seinem Auftreten war keine Spur von Unterwürfigkeit oder Speichelleckerei. Jegliches Raster, das Menschen unfrei macht, sie unterdrückt, sie in «Reine» und «Unreine» aufteilt, in «Zu-uns-Gehörige» und «Fremde», und den Menschen unerträgliche Bürden auferlegt, lehnt er ab. Keinem Menschen, keiner Tradition und keinem herrschenden Gottesbild ist er unterworfen. Die Verwunderung und die Empörung darüber ist in allen vier Evangelien zu spüren.

Er kannte keine Angst, so scheint es zumindest, obgleich die ältesten Zeugnisse über ihn zu berichten wissen, daß er (wie jeder von uns) Anfechtungen und Prüfungen unterworfen war. Ungemein wirksam trat er der Verwirrung der Menschen entgegen – dem Fieber, dem Sturm, dem besessenen Schrei. Er war ihnen, den Dämonen, den herrschenden Kräften, offensichtlich gewachsen. Er glaubte nicht daran, daß sie recht behielten und das letzte Wort hätten. Er sah, so sagte er, den Satan vom Himmel fallen, den Gott der bestehenden Ordnung vom Thron stürzen. Er konnte Teufel beschwören (wer glaubt das heute noch?), er provozierte, als er etwa die Ankläger der Ehebrecherin mit den Worten herausforderte: Wer von euch ohne Sünde ist, werfe den ersten Stein auf sie. Und sie schlichen sich alle davon, die Ältesten zuerst.

In dieser Weise (nicht etwa naiv oder blauäugig, denn er wußte, wozu Menschen potentiell in der Lage sind) setzte er sich als Bruder, Schicksalsgefährte ein für all die armen, griesgrämigen, herzensguten Menschen, die wir sind. So wie wir «in jenen Tagen» rings um den See von Galiläa unser mühsames kleines Leben lebten, so nimmt er uns an, spricht uns an, hat Interesse, Respekt und Erbarmen für die Schwachstellen und das, was bei einem jeden von uns verkommen ist.

4.

Was hat er uns zu sagen? Ganz Gewöhnliches. Er redet vom Kinderhaben, vom Säen und, daß man mit viel Vertrauen und etwas Gleichmut warten müsse, bis die Saat aufgehe. Vom allerkleinsten Samen, aus dem ein großer Baum werde, spricht er, daß Gott ebenso handle und daß es mit seinem Reich in dieser Welt auch so gehe. Man höre ihn sich an, diesen Optimisten.

Viele Worte, Weisheiten, Sprüche und Redensarten in den Evangelien werden ihm zugeschrieben. Vieles ist ihm aber erst später von seinen Jüngern in den Mund gelegt worden – das war und ist so üblich bei Jüngern. Seine ureigene Stimme jedoch hört man dort heraus, wo geschrieben steht: Macht euch keine Sorgen um euer Leben, um euren Leib, um Essen und Trinken und die Zukunft.

Was für ein Lebenskonzept verbirgt sich dahinter? Was kann man damit anfangen? Es ist überhaupt kein Lebenskonzept, keine Handreichung für den Alltag, kein allgemein gültiges Prinzip. Es ist genauso unbrauchbar wie Prophetie. Es ist eine Vision, aus der niemals ein wirtschaftliches System werden wird, die aber vielleicht doch einen Lebensstil hervorbringt, der «etwas» in einem freilegt, etwa die Ahnung: Selig die Armen im Geist.

5.

Er spricht mit ungewöhnlicher und deutlicher Autorität. Sagt: Am Anfang gab es nicht das, was wir heute erleben: Untreue und Rache – wohin man auch blickt –, da gab es

Mitleid. Am Anfang war es selbstverständlich, daß man einander keine Steine statt Brot gab. Ursprünglich war Freundschaft das Hauptmotiv des Handelns. Am Anfang war das der Grundgedanke, der Wunsch, der Traum. Diese Vision ist in uns verankert, dazu sind wir berufen, sagt er. «Am Anfang» – das ist zugleich unsere Zukunft. «Sieht fast so aus, als hättest du das selbst noch erlebt: am Anfang,» spotten die Leute, «und dabei bist du noch nicht mal fünfzig.»

6.

War es neu, was er gebracht hat? Er war ein Jude, der in der Synagoge von Nazareth das Glaubenszeugnis Israels gehört und gelernt hat: Gleichnisse, Lebensregeln, Psalmen und prophetische Schriften, Visionen von Gerechtigkeit. Er war einer von vielen in der langen Menschenschlange, die sich damals, in jenen Tagen, von dem asketischen, etwas an einen Mönch erinnernden Johannes am Ufer des Jordan taufen ließen, weil sie sich ihrer Schuld bewußt waren und sich nach Umkehr-Bekehrung, nach einem neuen Anfang sehnten.

Er suchte diesen neuen Anfang in der Tradition seines Volkes: in den Büchern des Mose und der Propheten, im Gesetz. Aber «Gesetz» ist eine unzureichende und irreführende Übersetzung des hebräischen Wortes «Thora». Gemeint ist damit so viel wie mitreißende Unterweisung, befreiende Weisheit, Quelle von Inspiration, in der die gesamte Lebenserfahrung Israels in geläuterter Form zusammengeflossen ist. Die «Worte des Gesetzes» bedeuten Einsicht in das Herz der Menschen mit all seinem Hin und Her, seinem Ja und Nein, meint: Richtschnur von Tag zu Tag, für jede Einzelheit im Alltag, auf daß das Leben der Menschen behütet sei und in seinem Umfang und Gehalt überschaubar bleibe. Die Unterweisung im Gesetz will begeistern für das beharrliche Festhalten an der ursprünglichen Vision. Gerechtigkeit und eine menschenwürdige Welt für einen jeden.

Von dieser Weisheit hat er gekostet, hat sie verehrt. In dieser Unterweisung ist er großgeworden. Diese Vision hat er vor Augen gehabt und übersetzt.

Neu war es nicht, was er gebracht hat. Bis heute ist er, der von seinen Anhängern «der Weg» genannt wird, zunächst einmal der Weg «Zurück-zu-den-Schriften-Israels». Wie alle Propheten, die vor ihm kamen, ist er ein Vermittler zwischen «am Anfang» und «jetzt». Als er aber in jenen Tagen, durch seine Heimat Galiläa ziehend, bemerkte, daß die ursprüngliche Überzeugungskraft der Thora erlahmt war, überwuchert von willkürlichen Frömmigkeitsriten und zeit- oder klassengebundener Interpretation, und als er am eigenen Leib erfahren mußte, daß die begeisternde Unterweisung zu geisttötender Haarspalterei und Paragraphenreiterei zu Lasten der Armen und Unmündigen (jenem Volk, das das Gesetz nicht kennt) verkommen war, also nicht mehr tragende Kraft, sondern Einengung bedeutete, da fand er den Mut, wie ein Prophet, ein Berufener, die gängigen Formulierungen und Interpretationen seiner eigenen religiösen und moralischen Tradition zu kritisieren.

Den Menschen, die sich gegenseitig unter Berufung auf die Thora des Mose steinigen, hinauswerfen, verurteilen wollen, sagt er: Weil ihr hart geworden seid, legt ihr das Gesetz in dieser Weise aus und handelt so. Am Anfang aber war das einmal anders. Und wie alle Propheten, die vor ihm da waren, und doch im Vergleich zu ihnen von unvergleichlicher Größe, wagte er, den ursprünglichen Sinn, die zentralen Begriffe der Thora neu zu übersetzen. Er nennt das selbst: die Thora erfüllen, die Gerechtigkeit vollenden.

7.

Aus diesem Grund erzählt er das Gleichnis vom Menschen und seinem Nächsten, von dem Mann, der in die Hände von Leuten gefallen war, und dem «barmherzigen Samariter». In diesem Gleichnis erhält die gesamte heilige Lebenslehre und

-weisheit der Geschichte Israels («das ganze Gesetz») erneut Gestalt und Prägung. Israels ursprüngliche Vision von einer menschenwürdigen Welt wird dort verwirklicht (so sagt diese so trügerisch schlichte Erzählung), wo ein Mensch dem anderen nicht mehr ausweicht und sich verweigert, sondern wo er ihn ansieht, ihm aufhilft und für ihn zahlt. Wo also der eine sich von der Wehrlosigkeit des anderen betreffen läßt.

Das Gleichnis von dem einen, der hilft, und dem anderen, dem geholfen wird, ist die Geschichte eines Menschen, der sich im anderen wiedererkennt: der ist wie ich, ich bin wie er, genauso unscheinbar, angreifbar und leicht zu berauben wie er. Der «Samariter» erkennt sich in diesem «geprügelten Hund» am Wegesrand wieder, weil er selber ein «geprügelter Hund» ist, ein Fremder, einer, der keine Rechte hat, den es eigentlich gar nicht geben sollte. Ein Mensch erkennt sich im anderen wieder, wenn er selbst ein geringer Mensch geworden ist. Dieses Wiedererkennen ist geläuterte Lebenserfahrung. Diese wiederum ist ein anderer Ausdruck für «Gewissen».

Gerechtigkeit tun meint, daß man entsprechend seinem Gewissen handelt, dem anderen also das tut, was man selbst wünscht, was der andere einem tun soll. Mehr nicht. Das ist unendlich viel mehr als «brav» zu sein, und das, was man «Liebe» zu nennen pflegt, ist mehr als nur Gefühl. Man kann es erkennen und sich dafür oder dagegen entscheiden.

8.

Von diesem Aufruf zu Gerechtigkeit, der – gut christlich – das Gebot der Nächstenliebe genannt wird, ist das «Liebe deine Feinde» die radikalste Version. Der Samariter des Gleichnisses war damals der Feind jenes rechtschaffenden Juden, der sich auf dem Heimweg von Jerusalem nach Jericho befand und sich im sicheren Bewußtsein wähnte, daß *er* der wahre Verehrer Gottes war, jener Samariter dort aber bloß ein religiöser Bastard. Den eigenen Feind zu lieben, den Schinder, den Unterjocher, den Ausbeuter, das bedeutet, von einer geläuterten Lebenserfahrung her den anderen, der gegen einen ist, als Schicksalsgefährten zu erkennen. Ich bin wie er, er ist wie ich; wir sind bestimmt als Menschen füreinander; unser Ursprung ist ein und dieselbe Vision, und wenn einer von uns diese Vision verdunkelt, ist das Lebenslicht eines jeden von uns gefährdet.

«Lieben» bedeutet, den anderen von seinem Ursprung her zu sehen, heißt zu erkennen, wie sehr er sich davon entfremdet hat, heißt, ihn zurückzurufen, ihn an die Vision, die in ihm verkümmert ist, zu erinnern, meint, daß man «Du – Mensch» zu ihm sagt, auf ihn eingeht und sich ihm «gegenüber» verhält, als sei man Gott. «Lieben» heißt «Gott» sein für den anderen, Stimme des Gewissens.

Nur wer von einer geläuterten Lebenserfahrung her weiß, daß er selbst unzuverlässig ist (von einem Moment zum anderen, im Handumdrehen nur, das Gegenteil von dem ist, der er sein müßte, ein Wolf und kein Mensch mehr) und nur wer glaubt, daß auch dann noch ein neuer Anfang für ihn möglich ist, kann sich dem Feind stellen, ihm widerstehen, ihn herausfordern, ihm treu bleiben, ihn «lieben» wie sich selbst.

9.

Hat er etwas Neues gebracht? Er fragt: Ihr habt von Gott gesprochen? Ich sage euch: Gott liebt seinen Feind, und durch mich sagt er euch: Liebt eure Feinde («Seid vollkommen wie euer Vater im Himmel vollkommen ist»). Gott sagt: Es geht nicht um mich, sondern um den anderen Menschen, der einem zu nahe kommt, euren Nächsten, euren Feind.

Gott lenkt von sich ab, weist auf jeden anderen Menschen. Gott selbst ist der Geringste, der «geprügelte Hund» am Wegesrand. Gott ist barmherzig, er weiß aus Erfahrung, was es bedeutet, Fremder und rechtlos zu sein in dieser Welt.

Brachte er etwas Neues? Er zeigte den Weg zurück zu einem Gott, der nicht fordert und straft, mitleidlos und unnahbar ist, den man nicht durch sein Blut oder andere Pflichtübungen für sich gewinnen kann; zu einem Gott aber, der (von Anfang an) der Nächste alles Lebenden ist; der Hirte des verlorenen Lamms; einer, der (wie David um Absalom) um jedes Menschenkind, das sich von seinem Ursprung entfremdet hat, Tränen vergießt.

Er brachte nichts «Neues». Aber die Kraft, die von seinen Worten ausging, war so mächtig und erneuernd, daß einige in ihm die Stimme von Israels Gott erkannten. Sie sagten: In diesem Menschen wird der Name Gottes wieder lebendig; er ist es, der kommen sollte; jetzt brauchen wir auf keinen anderen mehr zu warten, denn in ihm hat sich der Sinn der Thora des Mose erfüllt, in ihm sich konzentriert – er ist die lebendige Verkörperung des Wortes, das die ursprüngliche Vision unserer Tradition freilegt, er ist es, der den Weg der Worte Israels wieder begehbar macht.

Gab es noch andere prophetische Lehrer, die dazu imstande waren? Für uns, sagen seine Anhänger, war er es, durch die «die Stimme» zu uns gesprochen hat. Die Stimme, die gesagt hat: Ich mache alles neu.

10.

Einer seiner Jünger ist ein temperamentvoller jüdischer Jugendlicher von ungefähr achtzehn Jahren. Sein Spitzname ist Donnersohn. Er ist ein Seher, ein Dichter und Denker, ein Adler, der in die Sonne starrt. Fast sechzig Jahre nach seiner kurzen, innigen Freundschaft mit Jesus von Nazareth bezeugt er, der uralte Engel, zurückgezogen auf einer Insel lebend und für das kochende Öl bestimmt: Er hat alles neu gemacht. «Ich, Johannes, bin es, der das hörte und sah.» Von allen Augenzeugen-Jüngern ist er der konsequenteste, absoluteste, forderndste. Ihm wird die tiefgründigste und gewagteste Schrift des ersten Jahrhunderts der Jesusbewegung zugeschrieben: das vierte Evangelium. Es fängt an mit jenem «Lied von Wort und Fleisch» (zum Glück mit einem Lied und nicht mit einer Definition des Glaubens, mit einem Gedicht und nicht mit einem Dogma).

Johannes sagt: Er ist das Wort vom Anfang, der Zeit vor der Urflut, der Leere, dieser unbewohnbaren Welt. Von ihm ausgehend wurde alles in dieser Welt, in mir, neu geordnet und sinnvoll gemacht. Von ihm ausgehend, durch ihn, bin ich der, der ich bin. Alles ist Finsternis im Vergleich mit ihm. Er ist das eigentliche Licht. Er allein ist unser Anführer. Am Anfang war das Wort.

Dieses Wort ist Fleisch geworden, sagt Johannes. Fleisch meint das, was jeder ist: vergänglich, leibhaftig-echt. Fleisch meint: dieses hübsch-häßliche Gesicht; die Gestalt, die man zufällig hat; etwas konkret zu sein; dazusein, hier und jetzt, flüchtig zu sein. Jedes Fleisch ist wie Gras.

«Ich werde dasein für dich» so lautet in Israel der Name für Gott. «Ich werde dasein für dich – im Fleisch» so sagt es dieses Lied, das heißt so faßbar und real, wie ein Mensch für einen Menschen nur sein kann, so werde ich dasein.

Wer Gott hören, sehen und fühlen möchte, sagt dieses Lied, muß sich auf diese Menschenwelt einlassen. Nirgends sonst tritt er ans Licht als in Menschen, die man fühlen kann, die unscheinbar und angreifbar sind.

Wir (nicht etwa ich allein, der ich womöglich ein Opfer einzelgängerischer Visionen sein könnte, sagt Johannes), wir, eine Schar von Augenzeugen, haben ihn mit unseren eigenen Händen gefühlt und seine Herrlichkeit gesehen. Wir haben die unwiderlegbare Autorität und das Gewicht seines Wortes erlebt, seine Kraft erfahren, als er wie ein Sklave, wie der Geringste aus unserem Kreis, uns die Füße gewaschen hat; als er wie ein Sklave umgebracht und sein Fleisch wie Gras versengt wurde – da konnten wir nur das eine sagen: mein Herr und mein Gott.

11.

Andere Jünger haben mit anderen Worten wiedergegeben, was Er und immer wieder Er für sie bedeutete. Manchmal mit weniger Sprachgewalt, vorsichtiger, weniger tiefschürfend und mit der Vorliebe für andere Details, aus anderen Überlieferungen schöpfend als denen, die Johannes besaß. Aber immer verkündeten sie aufgrund derselben einzigartigen Erfahrung, was er mit ihnen gemacht hat:

Er öffnete mich, den Taubstummen, für die Stimme. «Öffne dich» sagte er, und ich tat es. Er weckte die Toten auf (sogar diese äußerste Grenze überschritt er). Er durchbrach die Gesetze der Natur, die Schwerkraft, den geschlossenen Kreislauf, den Teufelskreis des Bestehenden – er lief auf den Wellen des Wassers.

Wundergeschichten, Bilder, Gleichnisse. Die einzige Sprache offensichtlich, mit der man sich seiner Erscheinung anzunähern wagt und mit der man sein Staunen und seine Ergriffenheit zum Ausdruck bringen kann. Alles Versuche, der Kraft, die von ihm ausging, nicht Unrecht zu tun.

Im Licht seines Lebens wird sein Tod gedeutet als ein letzter (ursprünglicher) Moment, in dem seine Bedeutung zutage tritt und die Kraft, die «in den Tagen seines sterblichen Lebens» von ihm ausging, ausgelotet und Gottes Kraft genannt wird. Er war der Sohn Gottes. Er ist für uns gestorben. Er hat uns erlöst. Er gab sein Blut zur Vergebung der Sünden.

In allen ältesten Dokumenten der christlichen Tradition wird vorsichtig tastend nach solchen Formulierungen gesucht, die die Erinnerung an ihn wachzuhalten vermögen. Von vielen verschiedenen Seiten her versucht man, sich seinem Leben anzunähern, in vielstimmigen Zeugnissen, die sich überschneiden, abwandeln, ergänzen, korrigieren, mit einer Freiheit, die man sich heute wahrscheinlich nur noch schwer vorstellen kann.

Noch wird nirgends eine systematische Theologie entwikkelt; noch gibt es nicht eine einzige Begrifflichkeit, in der er «ganz» verstanden werden könnte; nicht bloß *eine* Sichtweise, die auf Kosten anderer Anschauungen und Intuitionen durchgesetzt wird. Das geschieht erst später, als seine Jünger – losgelöst von ihrem ursprünglichen jüdischen Kontext – die biblischen Unter- und Obertöne ihrer eigenen Worte nicht mehr heraushören. Dann erst entsteht nach und nach eine unverständliche Terminologie (mit einer Stimme, die sich überschlägt, wird sie hinausgeschrien), ein geschlossenes System von Definitionen zu seinem Wesen und von philosophischen Schlußfolgerungen, ein System, das von vornherein bereits die Möglichkeit und Lust erstickt, selber weiterzudenken. Erst dann entsteht der kirchliche Jargon: «Er hat uns durch sein Blut am Kreuz erlöst»; ein «Dogma», das auf unmerkliche Weise jeden für schuldig und unmündig erklärt und das später jedem «Christen» vorschreibt, daß er sich erlöst zu fühlen habe.

Das einzige, was viele nach einer langen und getrübten Jugend mit diesen Worten noch tun können, ist, sie möglichst schnell zu vergessen und diese ganze Sprache als unwichtig, nicht-offenbarend abzuschreiben. Ob es wohl jemals noch möglich sein wird, solche Begriffe wie «Kreuz – Erlösung – Blut» ganz neu zu verstehen, so hoffnungsvoll und befreiend, wie sie ursprünglich einmal gemeint waren?

12.

Er ist für uns gestorben. Er hat für die Menschen gelebt. Er hat den Becher getrunken, den wir Menschen trinken müssen. Er hat sich zum Fürsprecher und Anwalt der Armen gemacht. Er hat durchschaut, inwiefern sie Opfer sind, und hat ihre Lasten und Anliegen zu den seinen gemacht. Und das haben sie ihm heimgezahlt – die «Großen» dieser Erde. Dieses Lebensprinzip hat ihm das Leben gekostet.

Er hat uns erlöst. Wir waren erwachsen, behäbig, altklug. Wir waren uns so absolut sicher, daß letztlich doch alles keinen Sinn hatte, Jacke wie Hose war. Darüber konnte man jammern, gelassen seufzen oder den Zustand totschweigen – je nach Temperament. Man war nun mal so wie man war; neu geboren werden konnte man ja sowieso nicht mehr usw. usw.

Doch dann dies: Er hat mich mit der Erkenntnis angesteckt, daß es für mich doch einen Neubeginn gibt; ich erlebte an ihm, daß das möglich war, denn er fing mit jedem Menschen neu an. Er nahm mich so, wie ich war, warf mir nicht meine Vergangenheit vor, sondern fragte: «Willst du es so, wie es war? Willst du es im Grunde nicht anders? Identifizierst du dich mit dem, was hinter dir liegt? (Dann eignest du dich nicht für das Königreich Gottes.) Oder identifizierst du dich mit der Zukunft?» «Gibt es denn eine Zukunft?» fragte ich. Seine Antwort war: «Komm mit mir.»

Er hat den Lebensmut, der in mir verkümmert war, wieder aufleben lassen. Er hat mich beseelt, als ich seelenlos und blutleer war, verwirrt und verwirrend, wie man halt ist, wenn man nicht mehr glauben kann, daß das eigene kleine Leben gerechtfertigt ist und Antwort erhält, wenn man also gar keine Hoffnung in die Zukunft mehr hat. Es war, als wenn er mich mit seinem eigenen Blut, seiner eigenen Seele und Lebenskraft besprengt hätte. So wie in der traditionellen Liturgie Israels die Menschen mit Blut besprengt wurden als Zeichen dafür, daß Gott seine Seelenkraft, seinen Geist, in sie einsäen will.

Es war, als wenn ich durch ihn wieder mit den anderen verbunden wurde, mit allen Möglichkeiten, die in Menschen stecken. Als wenn er mein Blut, mein Blutspender war – und so wurde ich neu aufgenommen in die Gemeinschaft der Lebenden: «Ein neuer Bund in seinem Blut.» Die seelische Kraft, die von ihm auf mich ausstrahlte, war stärker, offenkundiger als die Ohnmacht, die ich in mir vorfand, sein Licht war stärker als die Finsternis in mir, seine Treue größer als meine und jegliche Untreue: «Sein Blut ist die Vergebung meiner Sünden.» Und nicht nur mich hat er erlöst: «Er hat sein Blut vergossen für uns alle.»

13.

Sie brachten ihn nach Golgota, der Schädelstätte. Als sie ihn gekreuzigt hatten, verteilten sie seine Kleider und würfelten um seinen Umhang. Es war neun Uhr vormittags, als sie ihn kreuzigten. Zusammen mit ihm kreuzigten sie auch zwei Räuber, den einen rechts, den anderen links von ihm. Passanten verhöhnten ihn, Priester und Schriftgelehrte spotteten untereinander: Andere hat er gerettet, sich selbst aber kann er nicht retten.

Es wurde zwölf Uhr, und Finsternis senkte sich über das ganze Land. Dann wurde es drei Uhr nachmittags. Er rief: Eloi, Eloi, lema sabachtani? Das heißt übersetzt: Gott, mein Gott, warum hast du mich verlassen? Dann schrie er Unverständliches und war tot.

Als der römische Offizier, der in seiner Nähe stand und ihn beobachtet hatte, sah, daß und auf welche Weise er seinen Geist aufgegeben hatte, rief er: Dieser ist der Sohn Gottes!

«Er ist der Sohn Gottes.» In der Sprache der Bibel heißt das: Er war erfüllt von der Kraft Gottes. Er handelte im Geist Gottes. Er war in seiner Option für die Entrechteten geistverwandt mit Gott, war Bild und Gleichnis des Gottes-der-Armen. Er war berufen von Gott, aus Gott geboren.

«Gott» wird er genannt. Je weiter sich seine Jünger von den Ursprüngen ihrer Tradition entfernen, um so häufiger und unjüdischer verwenden sie diesen Namen für ihn, der doch kein Name ist: «Gott». Mehr und mehr wird er angebetet – gleichzeitig folgt man ihm aber weniger nach. Er ist «nicht von hier» – wie also könnte man tun, was er getan hat? Übrigens (so sagt man) hat er es schon getan: «für uns», «an unserer statt». Und wenn die Bezeichnung «Gott» einmal das verschwommenste Wort für das Höchste und Tiefste in Seele und Weltall geworden ist, ist er der verschwommenste

Mensch von uns allen geworden, «Gottmensch». Ja, ja, das wird wohl so sein, wir glauben es ihm. Er wird eine Traumgestalt, ein Wunschtraum, die Projektion unseres besseren Ichs, eine mythische Urgestalt, wie man sie in allen Religionen findet. Er wird zu einer imaginären, schönen Geschichte, heißt: göttlicher Seligsprecher, allerheiligster Erlöser, Herr.

14.

Er hieß Jesus. Jehoschua. Auch Jeschu – in seiner Muttersprache. Er wurde nach Josua benannt, dem Nachfolger Mose, der die zwölf Stämme Israels in das Gelobte Land führte. Ein beliebter Name. In jenen Tagen gab es zahlreiche kleine Jungen, die Jesus hießen.

«Von Nazareth» lautete sein Beiname, nicht: «von Jerusalem». Er stammte aus einem kleinen Dorf, aus dem sprichwörtlich nicht viel Gutes kommen kann. Er war Zeit- und Schicksalsgenosse der armen Fischer und Bauern. Es ist ein unansehnlicher Anfang, noch immer, in jedem kleinen Nest dieser Welt.

15.

Wie sah er aus? Hatte er einen offenen Blick? War er groß oder klein? War er geistreich oder leicht verlegen, schwierig im Umgang oder unkompliziert? War er heißblütig, spontan, gehemmt? Hatte er auffällige Mängel, hervorstechende Begabungen? War er verheiratet? Wer waren seine Lehrer? Wie sah es in seinem Elternhaus aus? Entstammte er einer mittelgroßen jüdischen Familie? War sie arm? Was für ein Mann war sein Vater? Was tat er in all den Jahren vor seinem öffentlichen Auftreten?

Auf keine dieser Fragen gibt es zweifelsfreie Antworten. Die vier Evangelien, die als schriftliche Dokumente ohne Vergleich sind, das heißt keinem einzigen anderen historischen Dokument oder literarischem Produkt ähnlich, unternehmen höchstens einmal hier und da den flüchtigen Versuch zu einer zusammenhängenden Geschichte. Sie sind aber nicht seine Lebensgeschichte oder eine Skizze seiner Psyche. Das war auch nie ihre Absicht. Kaum ein einziges Datum ist uns überliefert. Unser westliches Bedürfnis nach exakter Information und sorgfältiger Charakterisierung wird hier in keiner Weise zufriedengestellt.

Ebensowenig sind die Evangelien eine Sammlung spektakulärer Geschichten, frommer Details und netter Charakterzüge (diese Art von Interesse, das ja ganz verständlich ist, bringt die manchmal rührenden, zumeist aber billigen oder bizarren Apokryphen hervor). Sie sind vielmehr Bekundungen des Glaubens, daß er die Offenbarung Gottes ist; das Zeichen, das Versprechen, die Zusage, daß der Gott Israels sich für alle Menschen öffnet. Das wird verkündet: daß er Gott-in-seiner-deutlichsten-Form ist, so deutlich wie ein Mensch dem anderen ist, so deutlich wie die Aufforderung «liebt einander».

Er ist auch die Offenbar-Werdung des Menschen. Er verkörpert das Versprechen, daß Menschen sich für Gott öffnen und sich zu ihm bekehren können. Endlich ein Mensch, der sich öffnet, so bezeugt es das Evangelium von ihm. Er ist Mensch-in-seiner-deutlichsten-Form: Licht im Überfluß – mehr nicht als «liebt einander». Er hat dieses Wort erfüllt.

Das Evangelium sagt: Er ist das durchsichtigste, zweifelfreiste und kompetenteste Wort über den Menschen; er ist die Parabel vom Menschen, sein Bild und Gleichnis. Er ist das am geringsten verschleierte und verdunkelte Wort über Gott. Wer ihn sieht, sieht den Vater. Er ist die Parabel von Gott, sein Bild und Gleichnis.

Er ist der radikalste Aufruf zu Gerechtigkeit, den man sich denken kann. Doch nirgendwo tut das älteste Zeugnis so, als sei er der einzige, der in diese Weise radikal zu Gerechtigkeit aufruft. Neben ihm, vor und nach ihm ist Platz für jeden (anderen) Propheten, jeden Amos, Marx oder Martin Luther

King. Zusammen mit diesen anderen ist er das Gleichnis vom Königreich Gottes.

16.

Was er aber – nach den Evangelisten – in erste Linie war, das ist Geist, der lebendig macht. In diesem Licht verblich alles, was an ihm vergänglich, zeit- oder sprachgebunden war. Einzelheiten und Zufälligkeiten lösten sich auf in Schall und Rauch, so wie «Fleisch» und Gras vergehen. Er ist hingegangen, ist tot, niemand kann dorthin, wo er ist, sagt das Evangelium. Man kann ihm nicht mehr begegnen, ihm keine Fragen mehr stellen. Er wird für einen nichts regeln, er kann einem nichts ersparen, keine Verantwortung abnehmen. Auf diese Weise hilft er einem nicht weiter. Allein mit der Aufforderung, mit der er uns aufeinander verweist, hilft er uns: «liebt einander». In diesem Wort, das heißt dann, wenn wir es tun, kann seine Bedeutung offenbar werden. In der Geste, die man dem anderen gegenüber macht, so wie das Brot gebrochen und ausgeteilt wird, kann er uns erscheinen. In Menschen, die das tun, kann man ihn sehen.

Jede Ähnlichkeit mit «lebenden Personen» ist nicht nur nicht ausgeschlossen, sie ist sogar ausdrücklich gewollt und inständig erhofft. Jeder, der so handelt, kann ihm ähnlich sein.

Die Geschichte eines Lebenden
Textcollage für eine Osterliturgie

1.
Er warf sich auf die Erde nieder, bat:
Abba, Vater, wenn es möglich ist,
laß diesen Becher an mir vorübergehn,
doch nicht mein Wille geschehe,
sondern dein Wille.

Mt 26,39

2.
Sie schleppten ihn nach Golgota,
den Schädelort.
Als sie ihn gekreuzigt hatten,
verteilten sie die Kleider
und würfelten um seinen Umhang noch.

Es war neun Uhr morgens,
als sie ihn kreuzigten.
Zusammen mit ihm
kreuzigten sie auch zwei Räuber –
den einen rechts, den anderen links von ihm.

Vorbeigehende spotteten –
die Priester und die Schriftgelehrten
höhnten untereinander:
Andere hat er gerettet,
sich selbst kann er nicht retten.

Es wurde Nachmittag.
Finsternis senkte sich übers Land –
Drei Uhr wurde es. Nachmittags.
Da rief er:

eloi, eloi, lema sabachtani – das heißt übersetzt:
Gott, mein Gott, warum hast du mich verlassen?

Dann schrie er – unverstehbar –
und war tot.

Nach Mk 15,22–37

3.
An dem ersten Tag der Woche
in aller Frühe, dunkel war es noch,
kam Maria Magdalena zu dem Grab
und sie sah,
daß der Felsen vor dem Grab fortgerollt war.

Weinend bog sie sich vornüber,
damit ins Grab sie konnte sehn.
Da sah sie
an dem Ort, wo Jesu Leichnam hatte gelegen,
zwei Fremde stehen, in strahlendem Weiß.

Sie sagten: Warum weinst du so?
«Weil sie mir meinen Herrn gestohlen haben,
und ich nicht weiß,
wo sie ihn hingelegt haben.»

Da drehte sie sich um,
da sah sie Jesus stehn.
Doch sie wußte nicht, daß er es war,
ihre Augen erkannten ihn nicht.

Jesus sprach zu ihr:
Was weinst du, wen suchst du?

Sie dachte, daß es der Gärtner war,
und sprach:
Hast du ihn weggenommen? Sag mir dann,
wo du ihn hingelegt hast.

Jesus sprach zu ihr: Maria.

Sie erkannte ihn und sprach:
Rabbuni, lieber Meister,
und sie umfaßte seine Füße.

Jesus sprach: Halt mich nicht fest,
denn noch bin ich nicht aufgefahren
zu meinem Vater.
Doch geh den Brüdern sagen
Dies hat er gesagt:

Ich werde auffahren zu meinem Vater
und zu eurem Vater,
zu meinem Gott und eurem Gott.

Nach Joh 20,1–17

4.

Da sah ich die Toten
stehen vor dem Thron,
Große und Kleine.

Das Meer gab die Toten zurück.
Der Tod und der Abgrund
gaben die Toten zurück.

Nach Offb 20,11–14

5.

Ich sah eine große Menschenschar,
die niemand zählen kann
zusammengerufen
aus allen Völkern und Sprachen.
Sie standen vor dem Thron
von dem, der lebt –
und um das Lamm.
Gekleidet waren sie in strahlendem Weiß
und sie sangen mit mächtigen Stimmen
und riefen:
Gesegnet unser Gott,
Lebendiger,
und gesegnet das Lamm.
Ich fragte:
die dort, die singen
und tragen strahlend Weiß –
wer sind sie?
Jemand sprach zu mir:
Es sind die,
die durch die Hölle gegangen.

Nach Offb 7,9–17

6.

Da sah ich die Toten
stehen vor dem Thron,
Große und Kleine.
Das Meer gab die Toten zurück.
Der Tod und der Abgrund
gaben die Toten zurück.

Die gesungene Vision
Singen als Zeichen der Hoffnung

1.
Die Lebenden singen. Tote singen nicht – «Kann der Staub dich je loben, ein Toter deine Treue besingen?» (Psalm 30). Singen ist an vielen Stellen der biblischen Glaubenserzählungen ein Bild für Leben und Auferstehung. Ein Lied bricht die Todesstille. Es gibt ein Zeugnis in dieser Welt, daß das Leben nicht im Zeichen der Verdammnis, sondern in dem der Gnade steht.

Gott in uns, Feuer in uns, Atem, Licht, Herzschlag,
Liebe in uns und über uns hinaus.

Es gibt Orte, wo dieses Zeugnis hochgehalten und als Lied gesungen wird, groß und erhaben.

«Über große und erhabene Dinge soll man nicht schweigen, sondern groß und erhaben sprechen» lautet ein Ausspruch von Eckhart, dem wunderbaren, mystischen Dichter aus dem 13. Jahrhundert, über Gott. Groß und erhaben ist unser alltägliches Handeln, unser unentrinnbares Verbundensein miteinander. Unsere alltägliche Angst und Mühsal, der Boden, auf dem wir leben und sterben, das ist die «erhabene Höhe von gewöhnlichen Menschen». So sagte es der andere wunderbare Dichter, Pablo Neruda. Er schrieb:

Es war, als ob die Menschen einander hassen,
aber dieselbe Nacht bedeckt sie,
und es gibt nur ein Licht,
das Licht, das uns aufwachen läßt.

Ich ging in die Häuser hinein,
sie saßen an ihren Tischen,
sie kamen von der Fabrik,
sie lachten und sie heulten.
Und alle glichen einander.
Und alle hatten einen Mund.
Und sie sangen.

Über diese «Menschenwelt» soll man nicht schweigen, lautet Eckharts Spruch. Menschen sollen ihre Träume nicht verleugnen, ihre Gefühle nicht verachten. Über unsere Ängste und Liebe sollen wir keine herzlosen Späße machen. Glück und Unglück dürfen wir nicht geringschätzen oder zynisch übergehen oder totschweigen. Laßt uns lieber groß und erhaben darüber sprechen, man kann auch sagen «singen».

2.
Über das Singen nur Gutes. Das Lied ist von allen und für alle. Niemals wurde nicht gesungen. Das Lied ist nicht selten der einzige Besitz der Armen. Und darüber hinaus: jeder kann singen, jede Stimme ist gut genug, um mit allen mitzusingen. Singen ist: sich einfügen in ein größeres Ganzes, einstimmen mit vielen anderen, mit Worten, die man vielleicht nur zusammen mit anderen zu singen wagt.

In einer singenden Gemeinde bin ich mit all meinem Zweifel doch am richtigen Platz, gesichert durch eine wohltuende Anonymität; und was jemand nie aussprechen konnte, das kann er oft durchaus singen, zusammen mit anderen.

Könnt' ich mit einem Lied dein Herz gewinnen:
Es wär' mir wert die Müh',
zu dichten, denken und zu schaffen
des abends spät, des morgens früh

so schrieb Guido Gezelle.

Mit Liedern Menschen füreinander gewinnen, Menschenherzen für die biblische Vision von Gerechtigkeit und Frieden gewinnen. Elias Canetti, ein bulgarischer Jude, erzählt in seinem Buch «Die gerettete Zunge», wie er im Alter von sieben Jahren nach dem unerwarteten Tod seines Vaters von seiner Gouvernante Miss Bray das Singen lernte: «... sie war ein anderer Mensch, wenn sie sang, nicht mehr dünn und spitz, ihre Begeisterung teilte sich uns Kindern mit. Wir sangen aus Leibeskräften, auch der Kleinste, der zweijährige George krähte mit. Es war besonders *ein* Lied, von dem wir nie genug bekamen. Es war über das himmlische Jerusalem. Miss Bray hatte uns davon überzeugt, daß unser Vater jetzt im himmlischen Jerusalem sei und wenn wir das Lied richtig sängen, werde er unsere Stimmen erkennen und sich über unsd freuen. Es gab eine wunderbare Zeile darin: ‹Jerusalem, Jerusalem, hark how the angels sing!› und wenn wir an diese Zeile kamen, glaubte ich, meinen Vater dort zu sehen, und dann sang ich mit solcher Glut, daß ich zu zerbersten meinte.»

3.

Singen kann man nicht ohne Atem. Lebensatem wird es genannt, dieses Unfaßbare, Allernotwendigste, das in uns ist. «Heiliger Lebensatem», «heiliger Geist» nennen wir die Kraft in uns, die uns zusammenkommen und singen läßt. Es muß wohl diese Kraft sein, die uns zusammenführt in Freiheit (niemand zwingt uns doch) und in Hoffnung (gegen all die Verzweiflung, die uns den Blick trübt und uns Angst macht).

Heiliger Geist: eine Kraft in Menschen. Eine Kraft, eine Erkenntnis, eine Intuition; eine Gegenkraft gegen alles, was hart, starr, kalt und versteinert ist. Sie wird um so mehr in Menschen freigesetzt, als sich Menschen miteinander verbinden. Sie müssen allerdings miteinander unter einem Dach zusammen sein wollen und rund um einen Tisch. Etwas in Menschen? Gott in Menschen. Daß wir nicht aufhören, nach

Worten der Ermutigung und auch des Protestes zu suchen, und daß wir uns nicht mit Stummheit schlagen lassen und nicht das Schweigen noch vergrößern; daß wir uns weiterhin zusingen und segnen und nicht der ringsum herrschenden Verächtlichkeit anheimfallen, der harten Sprache, die den Menschen den Boden wegzieht, der Sprachverwirrung: das ist Gott in Menschen, heiliger Geist:

Gott in uns, Feuer in uns, Atem, Licht, Herzschlag,
Liebe in uns und über uns hinaus.

In uns, in unserer Mitte, in uns ausgesät, niedergelegt, eingeprägt, eingekerbt wie eine Markierung – uns eingeschrieben wie ein Name, eine Bestimmung –, in uns existiert schon eine Ahnung des Glücks, eine Sehnsucht nach Recht und Frieden, ein Gewissen, das Licht von Dunkelheit unterscheidet. Und in uns ist eine Kraft, die sich ausbreitet, sich einen Weg bahnt zum Licht und zur Gerechtigkeit. Wird sie es schaffen, diese Kraft, diese Seele in uns? Es kommt uns eine Stimme entgegen, die uns zusingt und vorsingt, damit wir nachsingen können. Der Gott der biblischen Glaubensgeschichte, (die eine Erzählung über die erhabene Höhe gewöhnlicher Menschen ist), – dieser Gott ist eine Stimme, die uns mit Worten von Psalmen und Propheten zusingt: «Ich werde ihnen – den Armen – Recht verschaffen.»

So wie Er in den biblischen Glaubenserzählungen sprechend dargestellt wird und schaffend, Ordnung-schaffend, Licht von Dunkelheit scheidend; so wie Er uns vormacht, wie wir Menschen sein sollen, so singt Er uns vor: «Um der Unterdrückung der Elenden, um der Schreie der Armen willen, erhebe ich mich und komme». Und wir singen in unseren Liedern (hervorgegangen aus dem Material der biblischen Prophetenworte und Psalmen) diesen Ruf in uns hinein, damit die Seele in uns nicht abstirbt, unsere Sehnsucht nicht erlahmt.

Die Stimme der biblischen Glaubenserzählung und die Stimme unserer Seele, dieses Wort in uns und über uns hinaus, in uns und uns gegenüber (festhaltend, machtvoll, uns herausfordernd, uns hinterfragend), sie ermutigt uns, die «unmögliche» Vision von einer «Stadt des Friedens» nicht aufzugeben.

Was durch Moses und die Propheten verkündet wurde und später durch Jesus von Nazareth, ist eine Vision von «unmöglichen» Möglichkeiten. Sie bilden eine Zukunft aus den Menschen selbst heraus, so niedergeschlagen sie auch sein mögen, die sie doch jetzt schon in ihren Herzen tragen und als ihre Bestimmung ahnen und die sie als den Sinn ihrer Existenz erfahren, einige selbst noch in ihren dunkelsten Stunden.

«Und ich sah: herabsteigend im Namen Gottes die heilige (das heißt menschenwürdige) Stadt wie eine Braut am Morgen – und alle Dinge neu» (Offb 21,2.5).

Wir müssen unsere Vorstellungskraft dadurch ausbilden, daß wir der Vision huldigen und sie immer wieder feiern: «Die gesungene Vision» ist kein Traumflug in den Weltraum, sondern ein Dienst an der Erde. Es ist ein Dienst an der Erde («Gottesdienst»), zu bitten und zu schreien um eine neue Erde: zu hoffen, daß sie kommen wird, zu singen, daß sie kommen muß. Darum bittet und schreit der heilige Geist in uns.

4.

Diejenigen, die aus dieser Vision leben, halten sich aneinander fest. Sie sind sich dessen bewußt, daß die Vision miteinander geteilt und getragen werden muß, wenn sie auf Dauer mehr sein soll als eine Art rätselhafter Geschwulst in ein paar einsiedlerischen Menschen. Und sie wissen (oder wissen wir das nicht?), daß wir alle, jeder einzelne, reifen müssen und unser Herz immer wieder neu reinigen müssen, auf daß diese Vision verwirklicht werde. Denn ohne die individuelle Läuterung werden wir keinen Anteil daran haben. Daher gilt: sich nicht abstumpfen lassen durch die alltäglichen Sorgen und sich nicht einschüchtern lassen von den harten Stimmen der zynischen Realisten, die es besser wissen (also schlechter), und kein «Projekt» zu gering schätzen, und wenn es auch nur einen Schimmer von dieser Zukunft widerspiegelt, und niemandem Vorwürfe machen, den der Mut verläßt, weil du selbst ja auch schwach bist: Das und noch viel mehr bedeutet es, wenn wir singen, daß wir «Recht tun werden» und versuchen zu vollbringen, was Er uns «angesungen» hat, was Er uns eingegeben hat.

5.

Also: Jemand in uns? Ein Gott der Liebe, der in Millionen Jahrhunderten der Menschwerdung in uns zur Kraft geworden ist, lieben zu können und das Leben mit all seinen Ekstasen und Schrecken zu leben? Ein Gott, der in uns die Liebe geworden ist, auf deren Grundlage wir uns einander nähern, einander umfassen, tragen und festhalten und mit der wir auch uns selbst umarmen und treu bleiben. Dieser Gedanke geht mir manchmal im richtigen Moment (wenn Dumpfheit und Verzweiflung am schlimmsten sind) wie ein Licht auf, das alles in einen Zusammenhang stellt.

Es war eine Gebärde nötig, um dies, an Worten vorbei, uns selbst deutlich zu machen – eine Gebärde, in der sich die Liebe ausdrückt, die man ist und die man erwartet; die wir nicht sind, noch nicht, aber werden wollen.

In der Tradition des Auszugs- und Auferstehungsglaubens (der Jesus-Bewegung) steht diese Gebärde der Liebe: das Brechen und Teilen von Brot, das gemeinsame Trinken aus einem Becher zum Gedächtnis an die Liebe, die Er gewesen ist.

Gott in uns, Feuer in uns, Atem, Licht, Herzschlag,
Liebe in uns und über uns hinaus.

Missa Solemnis*

Texte für eine gesungene Liturgie

1.
Hör mich,
sei nicht Totenstille.

Gib mir Antwort,
wenn ich rufe,

schaffe Raum mir.

Du im Licht dort
wir hier Menschen

Hör mich,
sei nicht Totenstille.

Sieh uns
Welt voller Gewalt
Fronten Ghettos
sieh uns
ausgelaugte Erde
Du im Licht dort
wir hier Menschen

* «Missa» ist der traditionelle Terminus für ein römisch-katholisches lateinisches Hochamt. In der musikalischen Fachliteratur bezeichnet er gewöhnlich eine Komposition zu den festen Elementen der Meßgesänge (Kyrie, Gloria, Credo, Sanctus und Agnus Dei), die den Rahmen einer jeden Messe bilden. Die Texte dieser «Missa solemnis» (dt. «feierliches Hochamt») stellen eine vor allem inhaltliche Collage zu dem zentralen Thema des «Sch'ma Israel» «(Höre Israel») dar, dem jüdischen Bekenntnisgebet zu Gottes Einheit (Dtn 6,4–5). Eine wichtige Rolle spielen auch Fragmente aus Jesaja (Jes 40–45) (vgl. Nr. 4, 6 und 7). Die Texte der vorliegenden «Missa» wurden 1990/91 in den Niederlanden von Tom Löwenthal vertont.

Hör mich,
sei nicht Totenstille

2.
Sieh, wie das Recht
des Stärkeren regiert,
die Erde wankt.
Du, der die Armen kennt
mit Namen,
Gott der Armen –

Send deinen Engel,
den Armen, Gekreuzigten,
Lebenden,
Jesus,
deinen Gewährsmann.

Mach uns
zu seiner Gemeinde.

3.
Mach neu das Herz,
erhelle den Verstand,
daß wir einander
Schutz sind und beleben.

Mach uns
zu deiner Gemeinde.
Sei die Stimme,
die unser Gewissen weckt,
verbirg dich nicht.

4.

Wort von Ihm allein
Höre Israel

Der von Urzeit her unwandelbar Gott ist,
dir Gestalt gab schon vom Mutterschoß an
Schöpfer, Er allein, von Erde und Himmel

Kann nicht lassen, stets neu an dich zu denken –
spricht sein Licht vom Licht, sein Wort, zu den
Menschen.
Lebenswasser – aufgebraucht sind die Menschen,
nicht gewöhnt ans Suchen, greifen verzweifelt
ins Leere, trinken Disteln und Dornen.

Die Ihn suchen, werden finden und leben,
laufen, wie auf Adlerschwingen, gehen,
gehen unermüdlich und werden nicht matt.

5.

Evangelium
von Jesus aus Nazareth

der – wie Menschen von ihm sagen –
war:
der Sohn von Josef,
Sohn von Juda,
Sohn von Jakob,
Sohn von Isaak,
Sohn von Abraham,
Sohn von Adam,
der Sohn von Gott.

Nachdem er im Jordan getauft worden war,
geschah es,
daß der Himmel sich auftat
und auf ihn stieg herab
in der Gestalt einer Taube
der Heilige Geist.

Und aus dem Himmel eine Stimme:
Du bist mein Sohn,
mein vielgeliebter –
an dir erfreue ich mich.

Er zog durch Galiläa, sein Heimatland,
gute Nachricht er verkündete:
Selig, die Hunger leiden,
selig, die weinen,
selig, die dürsten nach Gerechtigkeit.
Die Zeit ist erfüllt,
das Königreich Gottes ist nah.
Kehr dein Leben um.

6.
Der die Erde formte, gründete, festhält,
der sie nicht geschaffen hat als ein Chaos,
sondern damit sie eingerichtet und bewohnt wird

der nicht im Geheimen gesprochen hat,
nicht gesagt hat «such mich doch in der Leere»,
sondern «Hier bin ich. Wohn hier unter meinem
Wort.»

Er sagt: Gott? Ich Gott, ich werde, kein anderer.
Ich sprech' Recht und Wahrheit, Worte, die wirken.
‹Licht!› und sieh: Licht – ‹Wasser!› Durst nach
diesem Wasser.

7.
Hör mich, Rest von Israel, noch am leben:
Aufgehoben habe ich dich, seit du geboren,
hochgehoben auf meine Schultern und dich getragen.

Noch wenn du alt und grau bist,
werde ich dich schleppen.
Nichts von dem, was ich versprochen,
werde ich nicht tun.
Ein und derselbe bin ich. Erster und Letzter.

8.
Höre Israel
Er, einzig, unser Gott.

Hör, der du einzig, ewig bist.
Versteh das ruhelose Herz. Sei hier zugegen.
Mit Licht vom Licht, Treue, Schönheit,
Geist von Liebe.
Voller Erbarmen, sei hier zugegen.
Komm mit Lebensgeist in diesen Menschen hier.
So wie du kraftvoll einst gekommen bist
in Moses, Mann des Feuers, in deinen Propheten,
in Jesus, der genannt wird: Brot, Weinstock,
Ströme lebendigen Wassers.

O Ewiger, gesegnet bist du, unser Fels,
gesegnet du, der Quell von Leben ist,
der wie ein Quell aufbricht in Menschen.

Gesegnet für
dein Wort,
den Fels mit Wasser.

Hör, meine Seele,
Er, einzig, unser Gott.

Der dich lieb hat
von ganzem Herzen
mit ganzer Kraft.

9.
Mir geschehe dein Wort –
Brot, Gnade und Tröstung

Es komme dein Königreich,
Augenblicke des Friedens.

Unglück, das mich prüft,
übersteig nicht meine Kraft.

Kraft, die in mir ist,
Seele in mir, halte aus.

Liebe, beruhige mein Herz.

10.

Wer bist du – wann war dein Anfang?
Wer sprach deinen Namen zuerst?

11.

Sieh uns Menschen,
Geschöpfe deiner Hände.
Laß leuchten über uns
dein Angesicht.

Sieh die Toten –
ruf ihre Namen
Sieh die Lebenden
unzählig

Hör mich,
sei nicht Totenstille.

12.

Schon vor Chaos, Leere,
Abgrund aus Dunkel,
vor dem Licht schon, Himmel, Sonne auf Erden
war das Wort und sprach das Wort
und wurden wir Menschen.

In dem Wort ist Schweigen, Tasten, Wachen,
in dem Wort ist Warten, Lauschen und Hören,
in dem Wort entstehen wir, Menschen aus
Menschen.

In dem Wort ist Sonne, Erde für alle,
Grund, der trägt, Licht, Weite, Rosen und Flüsse,
weit unter Wolken Wege und Städte,
Häuser von Menschen.

Der uns nicht geschaffen hat für den Tod,
der uns hüllt in Sprache, daß wir leben, sprich in uns,
daß nicht verstummen – wir, diese Menschen.

Der Mund, der singt – das Herz, das empfängt

Gedanken beim Schreiben einer neuen Liturgie

1.

Es gibt nicht viele Riten, bei denen man problemlos mit vielen Menschen zusammensein kann. Im kleinen Rahmen, im Kontext einer Hausgemeinde oder einer Lebensgemeinschaft, wenn also die Leute bereits vertrauter miteinander sind und sich bewußt für einen persönlichen Umgang entschieden haben, ist mehr möglich als in einer Gemeinde, die schon fast «öffentlichen» Charakter trägt. Für eine solche Gemeinde ist das gemeinsame Singen *der* Ritus schlechthin: die meisten kennen einander nicht, bestenfalls oberflächlich, haben aber doch soviel («etwas», eine Vision, «heiliger Geist») miteinander gemeinsam, daß sie dafür Umgangsformen brauchen. Eine gesungene Liturgie ist so eine Form des Umgangs. In einer Gemeinde kann man vor allem zweierlei zusammen tun: Zuhören und Singen. Singen bietet mehr Freiraum als Tanzen; es drängt die Menschen, die nicht mitmachen wollen, weniger. Beim Tanzen *muß* man mitmachen – will oder kann man das nicht, aus welchen Gründen auch immer – (vielleicht ist man zu steif, zu verlegen, zu müde, behindert oder zu traurig), ist man notgedrungen außen vor. Beim Singen verhält es sich anders. Man kann sich singen lassen, so wie man sich reiten lassen kann. Man kann mitmachen, ohne einen Ton von sich zu geben, man gehört dazu – das ist beim Tanzen nicht möglich.

2.

Es war von Anfang an mein Bemühen, nicht einzelne Liedtexte oder andere einzelne Bestandteile einer niederländischen Liturgie, sondern jeweils ein «zusammenhängendes Ganzes» zu verfassen. Dabei spielt das traditionelle, das «volkstümliche» Lied mit Strophen noch eine Rolle, allerdings kombiniert mit anderen Formen: mit Wechselgesängen, kurzen Dialogen, gesungenen Evangeliumstexten, Akklamationen und besonders auch musikalischen Intermezzi, mit einem Wechsel zwischen Chor und Gemeinde, Einstimmigkeit und Mehrstimmigkeit. So ein «Oratorium» oder eine Musical-artige Komposition, bei der die Grundform allen Umgangs von Menschen miteinander rituelle Gestalt erhält, Wort-und-Widerwort, Stimme-und-Gegenstimme, kommt vielen Bedürfnissen entgegen: der Chor/die Schola kann glänzen; die vielen Amateur- und halbberuflich engagierten Musiker können auf ihrem jeweiligen Niveau musizieren, das «normale Gemeindemitglied» nimmt teil an einem Vokal- und Instrumentalspiel, das sehr viel abwechslungsreicher, spannender und kommunikativer ist, als wenn man nur die einzelnen Strophen der herkömmlichen Kirchenlieder und die in Reime gebrachten Psalmen singen dürfte. Was mir vor Augen (und Ohren) schwebt, ist keinesfalls elitär und erfordert lediglich durchschnittliche Talente. Die Aufgabe eines Komponisten ist es, einfache und komplizierte Formen geschickt zu dosieren – den brillanten Sopran mit einem ausgezeichneten Cello zu kombinieren, um beide herum einen vierstimmigen Chor zu konzipieren und «das Volk» bei allem viel mitsingen zu lassen, entweder möglichst lebendig und gefühlvoll oder aber sotto voce, still werdend. Das entspricht dem, was Bernard Huijbers* in seinem Buch «Von Podium

* B. Huijbers ist ein niederländischer Kirchenmusiker, der in den sechziger und siebziger Jahren die bedeutendsten Vertonungen von Oosterhuis-Texten geschaffen hat (Anmerkung der Übersetzerin).

und Saal gleichzeitig» gefordert hat. In der letzten Zeit sehne ich mich mehr und mehr nach einer Liturgie, die ausschließlich gesungen wird. Die Predigt-Gedanken wären dabei das einzige gesprochene Wort. Die Schriftlesung kann auch «gesprochen» werden; letztlich ist alles erlaubt und möglich, auf jeden Fall ist viel mehr drin, als bislang realisiert wurde. Viele Möglichkeiten blieben ungenutzt.

3.

In ihrem Buch über den gregorianischen Gesang «Musik zwischen Himmel und Erde» schreibt Hélène Nolthenius: «Forschungen haben ergeben, daß in primitiven Kulturen manchmal das Sprechen dem zwischenmenschlichen Kontakt vorbehalten ist, während das Singen in erster Linie dem Kontakt mit der Welt der Götter und Toten gilt. Das zeigt uns, was die ursprüngliche Quelle von Musik ist: die Magie. Nicht zufällig ist – sowohl bei den klassischen Sprachen als auch bei den davon abgeleiteten modernen – das Wort für ‹beschwören› ‹besingen› (incantare). Der Sohar, das wunderbare Zeugnis mittelalterlicher jüdischer Mystik, sagt es ganz offen: ‹Im Himmel gibt es heilige Orte, die nur durch Lied und Gesang zu erschließen sind.›» Im Menschen und bei den Menschen untereinander gibt es verborgene, heilige Orte, die man nur durch Gesang erreichen kann. Singen kann eine rituelle Handlung von Menschen werden, die sich bewußt sind, daß sie trotz allgemeiner Abkapselung und Verschlossenheit doch für die Stimmen und Seelen voneinander erreichbar sind.

«Wir singen zumeist, um unseren Gefühlen Ausdruck zu verleihen oder andere an ihnen teilnehmen zu lassen. Andere Menschen. Auch unsere geistlichen Lieder sind nicht mehr magisch: sie ehren die Gottheit, beschwören sie nicht», schreibt Nolthenius.

Ich möchte ergänzen: Sie ehren die Gottheit, indem sie lebendige Menschen besingen, sie singend voreinander in

Erscheinung treten lassen – «gloria Dei vivens homo», so sagte es ein Kirchenvater einst: die Ehre Gottes ist der lebendige Mensch. Als Prototyp eines lebendigen Menschen gedenke ich Jesus, aber nicht in Ausschließlichkeit, nicht als wenn *er* der einzige wahre Mensch gewesen wäre, eine Art aus der Luft gefallenes Sonderexemplar der Gattung Mensch. Man sollte ihn vielmehr besingen als ein Kind seines Volkes, einen Juden, der den Weg Israels bis tief in die Welt der Völker fortgesetzt hat und in dessen Namen wir, «Kinder der Völker», den Namen von Israels Gott vernommen haben.

Was hier dargelegt wurde, muß nicht auf Kosten der «Mündigkeit» der Gemeinde gehen. Die Gemeinde singe so viel wie möglich. Doch man sollte die Spannung des Zuhörens intensivieren. Gut zuhören tut man erst, wenn man antworten muß. Die Gemeinde (Menschen-in-der-Gruppe) bringt zum Beispiel singend elementare Gefühle von uns allen zum Ausdruck, singt zentrale und erhabene Aussagen, etwa, daß wir alle Brüder und Schwestern werden wollen. Der Chor könnte in diesem Fall in der Rolle eines zögernden Kritikers «solistisch» dagegengehalten, die Begeisterung ein wenig drosseln, die Gegenstimme der Ironie und des Understatements ertönen lassen («Übertreib mal nicht!»; «Tatsächlich?»), die Rolle eines nüchternen Betrachters von außen übernehmen oder gerade umgekehrt die des anfeuernden Visionärs, wenn das gemeinsame Gemaule («Warum denn?» und «Wie lange denn noch?») überhandzunehmen droht.

Dazu noch einmal Hélène Nolthenius: «Eine Strömung, die zumindest in den Niederlanden vorherrschend ist, hat sich für ein aktives Bezeugen des Glaubens entschieden, bei dem für das passive Erfahren von Schönheit wenig Raum ist. Bleibt diese Tendenz weiterhin vorherrschend – als Reaktion auf die Vergangenheit wurde sie noch beschleunigt – dann gibt es innerhalb der Kirche für den gregorianischen Gesang nur wenig Zukunft, trotz des Bemühens einiger weniger.»

Bernhard Huijbers hat in einer Reihe von Kompositionen vorgeführt, inwiefern es für den gregorianischen Gesang doch noch eine Zukunft geben könnte – sogar als Inspirationsquelle. Außerdem erhält in der liturgischen Praxis verschiedener Gemeinden, auch engagierter Basisgemeinden, das Bedürfnis nach «dem passiven Erfahren von Schönheit» (passiv?) mehr und mehr Gewicht und geht nicht auf Kosten des Bedürfnisses nach «aktivem Bezeugen des Glaubens».

Chor/Schola und Solisten («gazzanim»), aber auch Instrumentalisten werden im Gottesdienst immer mehr Bedeutung erhalten, je mehr man sich dieses Bedürfnis nach «passivem Erfahren von Schönheit» (nach «zuhörender Kontemplation») eingesteht. Zu einer künftigen kirchlichen Musikkultur müßte das «Zuhör-Lied» gehören. Damit würden Komponisten einen umfassenderen Auftrag als bisher erhalten.

4.

Es ist nicht Sinn der Sache, in unartikulierte Gefühle einzutauchen. Das, *was* man singt, ist entscheidend. Wenn wir singen, kommen wir vom Wort der Schrift her, dem wir größtmögliche Überzeugungskraft zu geben versuchen. Nicht, weil wir Gefühle einfach so, Begeisterung um ihrer selbst willen, hervorrufen wollen, sondern weil es uns darum geht, die biblische Vision wachzurufen und herbeizusingen.

Liturgie sollte musikalisch schön sein: nicht rezitativ schön oder technisch perfekt, sondern ausdrucksstark, kommunikativ schön, schön aufgrund ihrer Bewegtheit. Zwei Hauptdarsteller gibt es dabei: die Gemeinde und den Chor. Sie singen nicht einfach eine Reihe von Vokalen, sondern bestimmte Worte; nicht isolierte Worte, sondern zusammenhängende Sätze, Satzzusammenhänge, Texte. Kirchenmusik ist Musik, die den Text unterstützt – wie der ursprüngliche gregorianische Gesang –, Musik, die den Text interpretiert und ihm mehr Expressivität verleiht – wie bei Monteverdi. Je besser ein Chor einen Text singt, um so kommunikativer wird die Liturgie.

Es gibt ein «religiöses Bedürfnis». Das läßt sich gar nicht leugnen. Manchmal kann man durch Schriftauslegung und Predigt dieses unausgesprochene «religiöse Bedürfnis» in der Sehnsucht nach dem Gott Israels und seiner Thora verdeutlichen. Heutige Menschen beschäftigen Fragen wie «Wofür lebe ich eigentlich?» und «Hat das alles denn wohl noch einen Sinn?» und «Was wird nach dem Tod sein?» – in der biblischen Geschichte kommen Menschen vor, die Fragen stellen wie zum Beispiel «Was muß ich tun, damit ich das ewige Leben erlange?» Die «biblische» Antwort ist eine «Gegenfrage»: Wo ist dein Bruder, deine Schwester, wie gehst du mit deinem Nächsten um? Das sind die letztlich entscheidenden Fragen. Das Gebot der Liebe, des zentralen Begriffs der Thora, vermag Richtung und Erfüllung zu vermitteln und kann manchmal «religiöse Bedürfnisse» befriedigen.

Die biblische Glaubensgeschichte wurde über die Jahrhunderte hin in widersprüchlichster und verwirrendster Art und Weise interpretiert. Sie ist überwuchert von Mißverständnissen. Wir müssen sie daraus befreien. Wenn es uns gelingt, über die zeitgebundenen Interpretationen hinwegzugehen, kann es geschehen, daß wir selbst die «Geretteten» aus der Erzählung vom Durchzug durch das Meer sind. Lesen Sie daraufhin einmal das Buch vom Auszug, von «unserer» Befreiung.

5.

Wir sollten versuchen, keine Sprache mehr zu verwenden, die uns vom anderen isoliert, die den anderen uns gegenüber blockiert. Das sei zuviel verlangt, nicht zu realisieren? Also gut – ich werde versuchen, keine Formulierungen mehr zu verwenden, die Männer über Frauen stellen, Weiße über Schwarze, Christen über Juden. Keine Sprache mehr, die verletzt, trennt, ausschließt; keinen überlieferten Jargon, keine unbewußte Sprache mehr – eine «ecclesia» ist ein Bewußtwerdungsprozeß.

Es muß in der christlichen Glaubenssprache möglich sein, alle Ausdrücke zu vermeiden, die Christen und Juden einander gegenüberstellen. In der christlichen Liturgie – der alten wie der jüngeren – wird uns Jesus gewöhnlich nicht als prophetischer Vermittler der Thora vorgeführt, nicht als jemand, der gekommen ist, «die Worte» aufzuwerten und in ihrer vollen Kraft zu zeigen, sondern als einer, der die Thora außer Kraft gesetzt hat. Ob es wohl möglich ist, eine Liturgie zu schaffen, in der nicht länger ein einseitiges Jesus-Bekenntnis, sondern die Thora im Mittelpunkt steht? Ich versuche bei der Feier der Eucharistie das Umfeld des Namens Jesu, die biblische Befreiungsgeschichte in Erinnerung zu rufen und Israel ausdrücklich als unsere Quelle zu benennen, den Stamm, aus dem wir hervorgingen.

6.

Gedächtnis

Gesegnet seist Du, Ewiger,
für die Menschen, die leben aus Deiner Kraft,
für Jesus von Nazareth,
der, Deine Thora vollendend, Dein Liebeswort,
uns zum Vorbild geworden ist –

der am Abend vor seinem Tod
Brot gebrochen hat
und an seine Freunde ausgeteilt,
der einen Becher Wein genommen,
ein Dankgebet und den Segen gesprochen hat
der gesagt hat:

«Tut dies zum Gedächtnis
an den Gott, der uns befreit hat
aus dem Sklavenhaus,
der uns aus der Macht des Todes
befreien wird.»

So tun wir also, was er uns vorgemacht:
essen, trinken, Brot und Wein teilen
Zeichen des Glaubens, daß nichts bei Gott
unmöglich ist

daß auch durch uns und mit uns und in uns
eine neue Welt kommen wird
wo es Brot und Liebe gibt – für alle genug.

Gesegnet seist Du
für Israel, Deinen heiligen Weinstock,
an dem Du uns Anteil geschenkt hast
durch Jesus, Deinen Diener.
Gesegnet für das Volk Deines Bundes,
Deine große Liebe.

Leben von Tag zu Tag
Der biblische Realismus des Kohelet

1.

An vielen Stellen der Bibel wird eine Lebensform angedeutet, die «Leben von Tag zu Tag» genannt werden könnte. Die heilige Schrift, die aus einer Zukunftsvision heraus geschrieben ist und auf einen langen Weg in eine unendliche Ferne hin weist, ist jedoch gleichzeitig Anleitung für hier und jetzt, Lebensbelehrung und Wegweisung von Tag zu Tag.

Ein Leben auf Dauer, vierzig Jahre lang Auszug, ein ganzes Menschenleben lang «gehen», aufbrechen, ausruhen, wieder aufbrechen – das ist: einen Weg von Tagen gehen. Die Schrift zählt ein Menschenleben nicht in Jahren, sondern in Tagen. In einem Weltall, das in Lichtjahren gemessen wird (ein Lichtjahr ist die Entfernung, die das Licht in einem Jahr zurücklegt, neuneinhalb Billionen Kilometer), in diesem immensen Raum leben wir auf dieser Erde von einem Tag zum anderen. Und diese Tage sind nichtig, flüchtig.

«Die Tage unseres Lebens währen siebzig Jahre und wenn wir stark sind achtzig Jahre, und das meiste davon ist Mühsal und Verdruß, wie rasch vorbei, ein Flügelschlag. – Lehre uns deshalb, unsere Tage hochzuschätzen, daß wir davon weise Menschen werden», sagt Psalm 90. Und es wurde Abend und Morgen, der erste Tag, der zweite Tag, der dritte, so erzählt es die Geschichte von der Geburt der Erde und der Menschheit, das Buch Genesis. «Und es geschah in jenen Tagen, in den vielen Tagen», so weiß das Buch Exodus zu berichten.

«Herzlichen Glückwunsch und noch viele Jahre», sagen wir. So etwas hält die Bibel für eine vermessene Sprache: Was weißt du schon von «Jahren»? Gott lebt Jahre. «Laß, Du, mich nicht hinscheiden, mein Gott, in der Hälfte meiner Tage. Deine Jahre sind Ewigkeiten und Ewigkeiten»

(Psalm 102). «Gesegnet bist Du in dieser Stunde unseres Lebens, an diesem Tag, den Du uns gibst», beten wir.

Leben mit jedem Tag. Denn der heutige Tag ist alles, was du hast. Zähle deine Tage, zähle deine Segnungen, das ist besser als deine Wunden zu lecken. Freue dich daran, daß du noch da bist, du schon, aber der und der schon nicht mehr. Das ist die Lebensweisheit von armen Herumirrenden, von Wüstengängern, die nach einer wieder einmal überstandenen Nacht in dieser unwirtlichen Unendlichkeit die Sonne aufgehen sehen.

Auf solcher Wüstenerfahrung (Krankenhauserfahrung, durchwachte Nächte) basiert die Weisheit der heiligen Schrift: «Sorge dich nicht um den morgigen Tag, denn der morgige Tag sorgt für sich selbst. Ein jeder Tag hat genug an seinem eigenen Leid» (Mt 6,34).

Der morgige Tag, das Zukünftige, macht uns Angst, weil es außerhalb unserer Macht liegt. Was kann dir nicht alles an Schrecklichem widerfahren. «Der Mensch leidet oft am meisten an der Angst vor dem Leiden.» Denk' also nicht zu weit in die Zukunft, zähme deine Phantasie, die deinen Blick trübt.

In der gleichen Weise mußt du versuchen, mit deiner Vergangenheit umzugehen: Blicke nicht zu viel voller Groll oder Heimweh oder Schuldgefühl zurück. Vorbei ist vorbei. Bewahre das Gute von gestern, vergiß den Kummer, vergib denen, die dir Böses taten. Einmal gestern ist genug, du brauchst doch nicht zweimal hindurch oder siebenmal oder siebzigmal siebenmal. Könnten wir doch einfach nur hier-und-jetzt-leben. Aber das können wir nicht. Das Vergangene und die Zukunft liegen schwer auf dem Heute.

Wenn ich keine Vergangenheit hätte, wie beladen sie auch immer sein mag, hätte mein Hier-und-Jetzt keine Wurzeln und keinen festen Grund und keine Wachstumskraft. Vergangenheit bedeutet: Ereignisse, vor allem Menschen, die in dein Leben eingreifen, entweder mit einem sanften, zärtlichen Griff oder einem Würgegriff (meistens ist es etwas dazwischen, ein bißchen von beidem). Aber die Vergangenheit ist auch eine Stimme, die dich warnt und wachrüttelt.

Wir haben ein Gedächtnis, wenn es uns paßt. Oft paßt es uns nicht, dann haben wir ein Gedächtnis wie ein Sieb, vergessen und verdrängen alles Vergangene, aus dem wir lernen könnten. Dennoch wird manchmal die Stimme unseres Gedächtnisses zur Stimme unseres Gewissens, die uns warnt. Wir haben dann wohl eine Erinnerung, aber kaum einen vorausschauenden Weitblick. Eigentlich wissen wir nichts über die Zukunft, darum hoffen wir auf sie. Zukunft ist die dritte Dimension unserer Existenz. Ohne Zukunft ist der heutige Tag eine platte Ebene, eine Kreidezeichnung auf einer blinden Wand, die sich ohne weiteres mit dem Ärmel wegwischen läßt. Wer keine Spur von Zukunft vor sich sieht, der ertrinkt in seinem Hier-und-Jetzt.

Der Dichter Rabin Gangadin aus Surinam schreibt in seinem Gedichtband *Ein seltsames Zimmer:*

Sie wird stets ängstlicher und weiß nicht warum.
Vor Menschen, sie geht immer seltener auf die
Straße.
Nur dann noch, wenn sie einkaufen muß.

Sie traut sich nicht mehr, in den Waschsalon zu
gehen,
da muß sie fragen, wie die Maschinen funktionieren.
Das Geld ist beinah alle, sie spricht nicht mehr.

Die Zukunft ist ein großes Loch für sie.
Voll mit Wäsche und Einkäufen.

Sie wird nicht die einzige sein, die herumirrt im Heute und alles aus der Vergangenheit mitschleppt, schmutzige Wäsche, ziellos.

Von-einem-Tag-zum-anderen-leben, Zeit für dieses, Zeit für jenes, flüchtige Augenblicke, eben mal etwas mit jemandem, graue Wegstrecken von nichts mit niemandem: Wüste also. Das ewige Kommen und Gehen von dumpfen, belanglosen Tagen. Der heutige Tag, beladen mit Vergangenheit und Zukunft: mühsames, aussichtsloses, sterbenslangweiliges, undurchdringliches Heute – was versteht du davon, Bibel? Ist das nicht allein für unsere Zeit typisch?

2.

Das Buch Prediger versteht etwas davon. Es finden sich Zeilen wie diese darin:

Dunst, Schatten, Leere,
flüchtiger als flüchtig ist alles.
Was hat der Mensch von der Mühe,
mit der er sich abquält unter der Sonne?

Was jetzt besteht, bestand schon lang,
und was noch kommt, das war schon einmal,
und was geschehen ist, geschieht aufs neu –
wer denkt an die, die früher waren?

Und die noch kommen, sind schon vergessen.
Die Weisheit schlägt sich durch in Lumpen.
Wer Recht beachtet, ist nicht geachtet.
Wer sät, weiß nicht, was er einst erntet.

Das Licht ist süß. Licht von der Sonne.
Gut für unsere Augen, das Licht.
Es werden dunkle Tage kommen.
Es wird noch Wissen sein von Licht.

Das Buch Prediger stammt aus dem dritten Jahrhundert vor unserer Zeitrechnung. Es sind dreihundert Jahre vergangen, seitdem Israel nach Babel verschleppt wurde und zweihundert Jahre seit der Rückkehr aus der Verbannung und dem «Wiederaufbau». Israel ist eingeklemmt zwischen Großmächten und politisch vollständig von diesen abhängig; nicht ohne Wohlstand, aber stumpf geworden und ohne Perspektive. Die Vision von Auszug und neuer Erde liegt eingerollt in heilige Buchrollen und ist zu einer überlieferten Lehre geworden.

In diesen Tagen lebte Kohelet. Er hat sich den Witz, den literarischen Kunstgriff ausgedacht, sich selbst zu präsentieren als König von Jerusalem, als sehr reich, sehr weise, sehr alt. Er spielt den legendären Salomo aus dem Goldenen Zeitalter der Geschichte Israels. Jung an Tagen und jung an Leidenschaft soll dieser Salomo das Hohe Lied geschrieben haben. Als Erwachsener und in der vollen Kraft seiner Jahre soll er sein Volk überhäuft haben mit Sprüchen voll praktischer Weisheit und Humor. Und dann, als er, schließlich alt geworden, auf ein erfülltes Leben zurückblickt, schreibt er das Buch von der Vergänglichkeit.

Diese literarische Einbettung hat sein Werk gerettet: Da sie Salomo zugeschrieben werden konnten, wurden die freisinnigen Betrachtungen des Kohelet für gut befunden und in das Gesamtwerk der Schrift aufgenommen.

Kohelet ist ein Name für eine Funktion, eine Art Titel. Das Wort ist verwandt mit dem hebräischen q'ahal, was Ekklesia, Gemeinde gleichkommt. Kohelet bedeutet soviel wie «Stimme der Gemeinde».

Es gibt zu allen Zeiten und überall Priester und Schriftgelehrte, Diener der Tradition und der offiziellen Lehre. Und es gibt auch hier und da einen Kohelet, der es wagt, die Tradition und offizielle Lehre an den Alltagserfahrungen von Menschen und einer Gemeinde zu messen. Er bringt zum Ausdruck, was kaum bewußt ist und meistens nur wortlos gefühlt und wahrgenommen wird, was in der Luft liegt und dennoch häufig in den Herzen unterdrückt wird. Luther übersetzte seinen Namen oder Titel mit: Prediger.

Der historische Kohelet muß ein kluger und angesehener Mann gewesen sein, sehr gebildet und umgeben von einem breiten Anhängerkreis, doch zugleich völlig unabhängig und einsam. Ein Mann mit einem Urteilsvermögen über die Welt seiner Zeit.

Was sagt Kohelet? Flüchtig, unwirklich, halbwahr ist das meiste von dem, was wir tun. Wir sind geisttötenden Gesetzmäßigkeiten, Scheinwerten, vielen großen Worten, subtiler Ungerechtigkeit, Apathie und Armut ausgeliefert. Dies ist keine philosophische Prämisse, sondern eine mit eigenen Augen gesehene Lebenswirklichkeit, seine Erfahrung: «Dunst, Schatten, Leere, flüchtiger als flüchtig ist alles», «Weisheit schlägt sich durch in Lumpen, wer Recht beachtet, ist nicht geachtet.»

Diese Erkenntnis wird mit Argumenten versehen, scharf und eigenwillig, nicht fanatisch, aber auch nicht halbherzig oder beschönigend. Konsequent wird alles-unter-der-Sonne gewogen, oft geringschätzig bis zynisch, manchmal lakonisch: der Mensch ist eben nur ein Mensch, das weiß man.

Diese Skepsis, dieser pessimistische Realismus des Predigers dämpft die visionäre Leidenschaft, die vielen biblischen Schriften eigen ist. Mir scheint, sie hat auch etwas von einer Stilfigur, einer literarischen Methode: Er probiert damit, die heilige Thora auf die Probe zu stellen. Er überprüft die ehrwürdigen Glaubenstraditionen an seinen eigenen Lebenserkenntnissen (was die Aufgabe eines Predigers ist), um dann, zum Schluß, einigermaßen ratlos zu einer Minimalformulierung zu kommen, die den gesamten Glauben Israels, so wie er durch Wüste und Verbannung hin gewachsen ist, zusammenfaßt: «Das Licht ist süß – Licht von der Sonne. Gut für unsere Augen, das Licht. Es werden dunkle Tage kommen. Es wird noch Wissen sein von Licht.»

Am Ende von Kohelets Ausführungen wird ein Glaube an eine bleibende Wahrheit sichtbar, die alle Vergänglichkeit überlebt und uns festhält. Die Erfahrung, daß wir im Griff dieses unbeständigen Lebens sind, wächst zu einem Glauben, daß wir in der Hand von Dem sind, der lebt. Das Licht, das süß ist, ist ein Pseudonym für Den, der lebt. Da stimmt Kohelet ein mit Psalmen und Propheten in die Zeilen aus Psalm 139: «Ich war noch nicht geboren, Du hattest mich schon gesehen. All meine Lebenstage standen schon in Deinem Buch, noch bevor Du auch nur einen davon gemacht hattest.»

In der jüdischen Synagoge wird Prediger am Laubhüttenfest gelesen, wenn des Wüstenzuges gedacht wird und wenn jeder Jude in seiner Laubhütte sitzt mit Schleckereien und Süßigkeiten zur Erinnerung an die Wohltat (Süße) der Thora. Wohin sollte der Wüstenzug gehen? In ein gutes und weites Land, zu einem Ruheplatz mit Bäumen und Brunnen, süßem Wasser und süßem Licht. Tage der Erfüllung, das ist das Ziel, um dessentwillen der Zug begonnen wurde. Das Leben der Menschen – so weiß Prediger – ist ein schrecklicher Zug, aber «Das Licht ist süß», trotz allem.

Unergründlich und gelegentlich absurd ist das Leben, und doch ist es mein Leben. Ich hatte gedacht, daß es anders sein würde, aber was wußte ich schon davon? Das ist es nun, mit allem, was ich getan und verkehrt getan habe, mit allem Beschämenden, nicht Erkannten und Unversöhnten, mit allem, was für mich getan und nicht getan wurde. Wäre ich lieber ein anderer, in einer anderen Zeit geboren, dreißig Jahre älter, vierzig Jahre jünger, hätte ich lieber ein anderes Geschlecht? Offenbar beantworten viele Menschen solche Fragen doch mit «Nein».

Willst du trotzdem noch leben, heute und morgen, willst du noch einen Weg von Tagen gehen? Ja, durchaus, sagt Prediger. Ich wage es kaum zu sagen, aus Verlegenheit und Scheu, daß meine Stimme zu laut werden könnte, aber ich bin froh, ja sogar dankbar, daß ich noch lebe. So viel sagt Kohelet, und er sagt es etwa mit dieser Intonation. Mehr als die anderen Autoren der Bibel steht er persönlich ein für das, was er schreibt. Und sicher urteilt er nicht über Menschen, die das nicht von sich sagen können.

3.

«Es geschehen keine Wunder», so könnte man seine Predigt auch zusammenfassen. Es hat auch nie eine andere Welt gegeben, in der sich Wunder ereigneten, Stimmen aus dem Jenseits vernommen wurden oder Menschen besser, moralisch vollkommener waren. Es ging immer schlecht. «Was jetzt besteht, bestand schon lang, und was geschehen ist, geschieht aufs neu.» Es ist nicht anders. Aber es ist ein Wunder, daß es Menschen gibt, die das Lebenslicht dennoch nicht hassen. Und mehr noch: daß sie die Wüste fruchtbar machen können, und zwar jeder seine Wüste fruchtbar für andere, und daran festhalten, daß dies möglich ist, weil es möglich sein muß.

Niemals hörten wir andere Stimmen als die unseren. Niemals gab es Hände, die tun, was Hände nicht können, niemals andere, gottlosere Menschen als wir. Aber es gab das Tageslicht, alle Tage, was auch geschah, als ob wir liefen über ein unsichtbares Netz, das über den Abgrund gespannt war und nicht riß. Niemals wird jemand herausgenommen aus seiner Zeit. Aber hin und wieder wird Leiden ausgesetzt, oder Menschen tragen es gemeinsam. So sollten wir leben. Das wäre «Lebenskunst» im Sinne des Predigers.

Im Menschen existiert ein starker Hang dazu, gut zu sein, kleine, alltägliche Dinge gut zu erledigen: gut zu kochen, einen Tisch schön zu decken, schön zu singen; eine beinahe instinktive, auf jeden Fall nicht bewußte Hingabe, ein ernsthaftes und zugleich müheloses Interesse an dem, was im Augenblick zu tun ist. Kindern ist das anzusehen, wenn sie Flöte oder Fußball spielen – sie brauchen kein Publikum, sie tun es nicht deswegen, sie tun es, ohne irgendeinen Grund zu haben. Manchmal haben auch erwachsene Menschen noch diese Fähigkeit. Man kann das in Krankenhäusern, in Kliniken für Geistesgestörte und Gott weiß wo sehen.

Diese Fähigkeit, kleine Dinge gut zu tun, auf einem Quadratmeter vollkommen zu sein, also: so gut wie möglich, das ist eine Liebe, die, jedenfalls auf diesem Quadratmeter, das Antlitz der Erde verändert. Ohne dieses Talent und diese Liebe ist der heutige Tag, sind die wenigen Quadratmeter, auf denen wir leben, nicht lebbar, gottverlassen und flüchtiger als flüchtig. Das wissen die meisten Menschen aus Erfahrung.

Erster und Letzter
Requiem-Texte

Einzug

Laß mich ein, zu Dir,
in den Ort der Ruhe, des Friedens,
der benannt nach Deinem Namen.

Licht vom Licht. Erbarmen. Himmel.
Liebe ist Dein Name.

Daß ich zu Dir komm', zum Frieden.
Daß ich nach den Feuerqualen,
wenn das letzte Leid vorüber,
zu Dir kommen darf, mein Frieden.
Daß Du mich bei meinem Namen
rufen wirst.

Sterblicher, Staub von der Erde,
Leib und Seele ist mein Name.
Atem war ich, Funken Leben.

Glut der Liebe, ewiges Leben,
neue Erde ist Dein Name –

in den Ort der Ruhe, des Friedens,
laß mich ein, zu Dir.

Frage

Die Toten, verwest in der Erde,
in alle Winde zerstreut, für immer unfindbar.
Und alle, die von uns gegangen ohne Gruß –

was hat mit ihnen getan
Er, der nie fahren läßt
das Werk Seiner Hände?

Kyrie

Kyrie eleison Herr, erbarme Dich –
Kyrie eleison Sei gnädig –
Kyrie eleison Komm' befreien

Bekenntnis

Was ich gewollt,
was ich getan,
was mir getan,
was ich verkehrt getan,

was nicht gesagt,
was nicht versöhnt,
was unerkannt,
was nicht genutzt,

all das Beschämende
nimm es von mir.

Und daß ich dies war,
und kein anderer –

dies Überbleibsel
aus Erdenstaub:
Dies war meine Liebe.

Hier bin ich.

Wort des Jesaja

Der von Urzeit her unwandelbar Gott ist.
Dein Erschaffer, schon vom Mutterschoß an.
Spannt die Himmel weit aus und festigt die Erde.
Ortet die Meere. Wiegt den Staub von der Erde.

Hat gesprochen: Hör', du Menschenkind,

aufgehoben habe ich dich von deiner Geburt an,
hochgehoben auf meine Schultern und dich getragen –
noch wenn du alt und grau bist, werde ich dich schleppen.
Nichts von dem, was ich zugesagt, werde ich nicht tun.
Ein und derselbe bin ich, Erster und Letzter.

Gegen den Tod

Gelesen hab' ich, was geschrieben steht:
Ein Mensch lebt kurze Zeit und voller Elend –
umsonst ist alles, und der Tod bleibt Herr.

Er kommt und geht, hält Hof, wie's ihm beliebt,
er quält uns, macht uns blind vor Angst und Wut,
nimmt Kinder weg, reißt Liebste auseinander,

gewinnt in jedem Krieg – Tod, langsamer Abbau,
Dieb in der Nacht, Tod, Ende ungereimt,
willkommener Tod, bekannter Unbekannter.

Gelesen hab' ich, was geschrieben steht,
mir anvertraute, unbewiesene Worte:
Du überläßt mich nicht dem Totenreich,

gibst die Geliebten nicht dem Tode preis –
Wege zum Leben hast Du mir gezeigt,
nicht für den Abgrund hast Du uns gemacht.

Geschrieben steht Dein Name: ich werde da sein.

Evangelium

Es war Mittag, sechs Stunden nach Sonnenaufgang,
Finsternis überfiel die ganze Erde, drei Stunden lang.
Die Sonne verfinsterte sich.
Der Vorhang im Tempel riß mitten entzwei.
Jesus rief mit lauter Stimme:
Vater, in deine Hände befehle ich meinen Geist.
Und mit diesem Ruf gab er den Geist auf.

Am ersten Tag der Woche, früh am Morgen,
gingen Frauen hin zum Grab.
Sie trugen Balsam und duftende Kräuter,
die sie mit eigenen Händen bereitet hatten.
Da fanden sie den Stein weggewälzt vom Grab.
Sie gingen hinein, fanden aber nicht
den Leichnam von Jesus, dem Herrn.
Dann standen da vor ihren ratlosen Augen
zwei Männer, gekleidet in strahlendem Weiß.

Die Frauen senkten ihren Blick zur Erde,
voll Furcht – die Männer sprachen zu ihnen:
Was sucht ihr den Lebenden bei den Toten?

Er ist nicht hier. Er ist auferstanden.

Aussicht

Wie weit ist die Nacht, wie weit.
Wächter, wie weit ist die Nacht.
Der Morgen kommt, sagt der Wächter.
Aber noch ist es Nacht.

> *Erwach aus dem Schlaf,*
> *steh auf aus dem Tod,*
> *und Christus wird über dir leuchten.*

Das Volk, das in Finsternis geht,
wird schauen ein großes Licht.
Die wohnen im Schatten von Tod,
auf strahlt über ihnen das Licht.

> *Erwach aus dem Schlaf,*
> *steh auf aus dem Tod,*
> *und Christus wird über dir leuchten.*

Wohne nicht im Vergangenen.
Blicke nicht starr zurück.
Ich werde Neues beginnen,
es hat schon begonnen, sagt Er.

> *Erwach aus dem Schlaf,*
> *steh auf aus dem Tod,*
> *und Christus wird über dir leuchten.*

Aufforderung

Der gesagt hat, er werde auferstehen,
er werde rammen
die Pforten der Hölle und thronen, dann,
zur rechten Hand des Vaters:
Laß ihn zum Vorschein kommen, wenn er kann!
Licht-vom-Licht, Jesus, unser Bruder,
dein Platz ist hier, in Nacht von Nacht,
mitten unter uns, hier.

Vater unser

Unser Vater im Himmel
Dein Name geheiligt
Dein Reich schon im Kommen
Dein Wille verwirklicht
so soll es sein
auf Erden und im Himmel.
Gib uns Brot der Gnade,
morgen und heute noch.
Trag ab unsere Schulden.
Lehre uns vergeben.
Mache uns Mut,
daß wir weitergehen
auf dem Weg des Lebens.

Zuversicht

Der mich trug auf Adlers Flügeln,
der mich hat geworfen in den Raum,
und, als ich kreischend fiel,
mich aufgefangen mit den Schwingen,
und wieder hochwarf –
bis daß ich fliegen konnte aus eigner Kraft.

Übergang

Augen, die mich suchen,
mitgehen – bis wohin.

Mein Weg biegt ab dort
wo kein Licht scheint

mich keine Hand hält
kein Ohr mein Rufen hört

kein Wort mich grüßt
kein Name paßt

wo kein Mensch mehr ist
kein Gott mehr ist.

Augen, die mich sehen,
die mich ansehen, dort.

Erster und Letzter

Unnennbar
erste Liebe ist Dein Name.

Undenkbar
Gott der Menschen ist Dein Name.

Unnennbar
Erster Letzter ist Dein Name.

In Paradisum

Hin zum Paradies
mögen Engel dich begleiten.
Wenn du ankommst,
werden alle, die gemartert wurden,
dich in ihre Arme schließen –
und dann tragen sie dich mit
zu der Stadt,
dem heiligen Jerusalem.
Dort schart ein Chor
von Lichtgestalten
sich um dich her,
und mit Lazarus, dem armen Bettler,
wirst du sein in Ruhe und Frieden
alle Zeit.

Leben nach dem Tod

Der Gott der Zukunft

Was hat die Bibel uns mitzuteilen? Einen Namen. Den Namen. Und eigentlich nicht mehr als dies. Und nun müssen wir sehen, ob das genug ist, ob wir uns damit begnügen können, ob wir darin so viel Kraft und Zukunft finden, daß das unser mühseliges Alltagsleben verändert. Dieser Name lautet: Ich werde da sein.

1.

Die Bibel will dem Leben eine Weisung geben, und sie tut dies in Form einer Geschichte. Die Geschichte dieses Namens ist die Geschichte eines Weges, den Menschen gehen: aus Sklavenhaus, Angstland hin zu Freiheit, gutem und weitem Land, aus Tod zum Leben, aus einem Leben, das kein Leben ist, in die Fülle des Lebens, zu ewigem Leben.

«Tod» ist in dieser Geschichte eine Bezeichnung für eine Lebensweise, die den Namen «Leben» nicht verdient. Man kann lebend tot sein. Man kann in Teilen seines Körpers, seines Erinnerungsvermögens, seines Herzens «tot» sein. «Tod» bedeutet, verstockt und ohne Hoffnung zu sein, sehend blind, mit niemandem etwas anfangen zu können, nichts empfangen und nichts geben zu können. Tod ist Angst vor Selbstverlust, vor allem, was man nicht berechnen und fest im Griff haben kann, Angst vor Zukunft: Man hat «Todesangst», man stirbt hundertmal in seinem Leben aus Angst vor dem Tod.

«Leben» ist in den Geschichten der Bibel auch ein Ausdruck für eine bestimmte Lebensart. «Wer bereit ist zu geben, was er hat, wird leben.» Leben heißt sterben wie ein Weizenkorn, um fruchtbar zu werden und Frucht zu bringen. Brunnen von Leben für andere zu werden. Leben ist: leben zur

Befreiung von anderen. Und: daß der Tod uns nicht mehr terrorisiert. «Er ruft mein Leben heraus aus dem Grab, und wie ein Adler lebt meine Jugend wieder auf» (Psalm 103).

2.

Der Durchbruch zu dieser Lebensweise, die in den biblischen Erzählungen Lebensfülle, erfülltes Leben, ewiges Leben heißt, wird «Auferstehung von den Toten» genannt. In der berühmten Vision des Ezechiel von der Auferstehung der Toten (Ez 37,1–15) wird uns dieser Durchbruch zu einer neuen Form des Lebens vor Augen geführt. Und die Geschichte der Auferstehung Jesu ist auf diese Zukunftsvision des Ezechiel wie ein Reis aufgepfropft: dieselbe Hand hat sie geschrieben.

Jesus ist im Evangelium das Urbild eines Lebenden: des Neu-Lebenden, des Jetzt-Lebenden. Jesus wäre niemals «der Auferstandene» genannt worden, wenn Menschen nicht an ihm *gesehen* hatten, wie er dem Tod widerstand, als er noch lebte; daß etwas in ihm stärker war als der Tod – etwas in ihm? Gott-in-ihm.

Weil er mit der Kraft gesalbt war, Menschen zu befreien und jetzt zu leben, neu zu leben, der Todesangst und dem Verfall nicht länger unterworfen, wurde er «der Gesalbte», der Messias genannt. Und das wird er noch immer, obgleich er doch schon lange von uns gegangen ist und, wie es in einem alten Weihnachtslied heißt, «in diesem Erdenreich» nicht mehr gesehen ward.

Die Welt, die ihm vor Augen stand und die er «das Königreich Gottes» nannte und verkündigte als eine nahe und nicht unmögliche, ist eine Welt, in der der Tod «gebunden», das soll heißen: nicht mehr an der Macht ist. Wo die Trennwände und Gefängnismauern niedergerissen sind. Wo es nicht mehr Herren-und-Knechte gibt: nicht mehr Arme-und-Reiche, nicht mehr Männer-und-Frauen, nicht mehr Weiße-und-Schwarze, sondern neue Menschen, eine neue Menschheit.

Und wo «Liebe» das angemessenste Wort ist, um ihre Beziehungen untereinander und ihre Art des Zusammenlebens anzudeuten. Liebe ist Auferstehung, ewiges Leben.

3.

«Auferstehung von den Toten» und «ewiges Leben» haben im Laufe einer langen Geschichte auch noch eine andere Bedeutung bekommen. Dies führte dazu, daß die ursprüngliche, die biblische Bedeutung in Vergessenheit geriet.

«Ewiges Leben» wurde nun immer mehr verstanden als: Leben nach dem Tod, nach dem physischen Tod, wenn der Körper begraben und in der Erde verwest ist, dann immer noch, in einem «Jenseits». Die Bibel kennt das Wort nicht. Wir kennen es wohl. Gibt es ein Jenseits?

Überall auf der Welt träumen Menschen von einem Weiterbestehen nach dem Tod und davon, daß etwas von ihnen übrigbleiben wird. Der Wunschtraum der Unvergänglichkeit: daß die «Seele», das «Lebensprinzip», das Ursprünglichste unseres Lebens hier-und-jetzt (der Geist, der lebendig macht) eine bleibende Wohnung finden wird in einem «Jenseits». Die meisten Religionen erzählen Geschichten über diese oder jene Form des Weiterlebens nach dem Tod. Es gibt hunderte von Bildern und Gleichnissen, in denen Menschen sich leidenschaftlich einsetzen für sich selbst, für ihre eigene Bedeutung, ihre unverwechselbare Identität und für die Schönheit dieser Erde, die zu gegenwärtig, zu schön und zu wirklich ist, um verloren zu gehen. Irgendwo zu bleiben, sich irgendwo wiederzufinden, irgendwann einmal, nach wievielen Läuterungen und Seelenwanderungen auch immer, eine bleibende Wohnung zu finden: Diese Hoffnung wird in den meisten Religionen genährt, aller Lebenserfahrung von Tod und Vergänglichkeit zum Trotz.

Für manche der früheren und heutigen Dichter und Denker ist die bleibende Wohnung: die Menschheit als solche, dieses einmal begonnene, nicht mehr auszulöschende Weltall-voller-Menschen, diese Menschengeschichte. Sie sehen die Menschheit als einen Körper, und jeder Mensch bildet eine Zelle in diesem Körper. Oder sie betrachten sie wie eine Sprache, einen Zusammenhang von Bedeutungen, ein Gespräch, das Vergangenheit und Zukunft umspannt, und jeder Mensch ist ein Klang, eine Nuance, ein Wort in dieser Sprache, eine Redewendung in diesem Gespräch. Oder: die Menschheit ist ein Meer – du bist ein Tropfen in diesem Meer, und es ist eine alte griechische Weisheit, daß ein einziger Tropfen den gesamten Ozean durchdringt und sich bis zu den fernsten Stränden und dem tiefsten Meeresboden hin auswirkt.

Dichter und Denker wagen zu behaupten: das Ureigenste eines jeden Menschen, das, was absolut unveräußerlich an ihm ist, bleibt bewahrt und kommt dem Ganzen der Erde zugute. Jeder Ausdruck von Menschlichkeit wird einmal gehört werden, jedes Signal der Liebe wird aufgefangen und zurückgeworfen und breitet sich aus. Was du jemals dem Geringsten unter den Lebenden getan hast, das hast du allen Lebendigen getan. Was du für Blumen und Pflanzen getan hast, für deine Vögel, deine Katzen, für deine Kinder, für sterbende Menschen: das findet sich wieder, wird aufbewahrt. Und die Träume einer gerechteren Welt, die jemals geträumt wurden, und der Eifer, mit dem dafür gekämpft wurde, und die, die diesen Kampf geführt haben – sie alle sind nicht verlorengegangen. Sie sind zu einer Vision geworden, die heute noch Begeisterung weckt.

Die Menschheit, diese Gemeinschaft der Lebenden bis zum Ende der Tage: das ist deine Bestimmung, deine Vollendung, darin wirst du wohnen, Ruhe finden. «Ich gehöre der Fruchtbarkeit an, und ich werde wachsen, wo die Einzelnen ihr Leben entfalten», schreibt Pablo Neruda. Und an anderer Stelle:

Mann, Frau, Reisender, einmal,
später, wenn ich nicht lebe:
hier suchen, suche mich hier
zwischen Felsen und Ozean
im Sturmlicht des Schaums,
hier suchen, such mich hier,
denn hierher komme ich wieder, ohne etwas
zu sagen, ohne Stimme, ohne Mund, rein,
hier werde ich wieder zum Gehen und Kommen
des Wassers, seines
wilden Herzens,
hier bleibe ich dann verloren und wiedergefunden,
hier werde ich vielleicht Fels und Stille sein.

4.
In Gedanken, Sehnsüchten und Hoffnungen verlängert und verewigt der Mensch sein Leben über den Tod hinaus und beschönigt das Sterben, meistens mithilfe einer poetischen und angenehmen Vorstellung von dem Leben-nach-dem-Tod.

Die Kultur des Alten Ägypten bezeugt auf grandiose Weise eine solche Jenseitserwartung. Sie sucht das Totenreich hier auf der Erde; da führt der Sonnengott die Verstorbenen in seinem Schiff mit sich am Himmel entlang; da liegen, verstreut zwischen den Sternen, die Felder eines himmlischen Ägypten, wo das Korn viel höher wächst als an den Ufern des Nil. Ein detailliertes Ritual soll den Toten eine sichere Überfahrt zu diesem Himmel garantieren.

Als Israel aus Ägypten zog, befreite es sich von diesen Jenseitserwartungen. Es war ein Auszug aus einer Welt religiöser Träume und Himmelsspekulationen. An ihre Stelle trat ein radikaler, irdischer Auftrag: ein Land zu bewohnen, eine Stadt zu gründen, Gerechtigkeit zu üben von Mensch zu Mensch, nicht mehr und nicht weniger. Die Berufung, so zu handeln, gründete sich auf keine andere Sicherheit als den

Namen des Ich-werde-da-sein. Kein Bild von Ihm, allein ein Name, der nicht ausgesprochen wird. Im Laufe seiner leidvollen Geschichte hat Israel es als eine Erleichterung erfahren, daß es seine Hoffnung und seine Energie nicht mehr zu richten brauchte auf ein in allen Einzelheiten vorstellbares Leben-nach-dem-Tod, sondern auf einen unvorstellbaren Gott, der jetzt ist, mit dem man sich jetzt, in gegenseitiger Freundschaft, auf den Weg macht, lebt, in Fragen und Zweifeln, im Nicht-Sehen und Doch-Sehen, in Anwandlungen von Dunkelheit und Licht.

«Glauben» bedeutet in Israel: wissen, woran man ist. Israel baut nicht auf einen Himmel, ein Jenseits. Es baut auf Gott. Und der ist so nahe oder so weit entfernt, wie Menschen einander nahe oder fern sind.

5.

Allerdings wird auch in der biblischen Tradition nach Worten gesucht, um dem Verlangen nach Weiterleben-über-den-Tod-hinaus Ausdruck zu geben. In einigen Psalmen und Liedern der Propheten taucht sogar die Vision eines ganz persönlichen Weiterlebens auf. Nicht das Beste von mir wird «irgendwo» Widerhall finden und weiterwirken, ich werde nicht «Fels und Stille» sein, ein Wiederkehren «ohne Stimme, ohne Mund» (Neruda), sondern ich werde ich sein (endlich ich).

Wie nichtig und dem Tode verfallen ich auch immer war, ich werde leben, ich werde singen, einen Mund und eine Stimme haben. Ich werde in einer Stadt wohnen; und eine Stadt ist kein Naturereignis wie das Kommen und Gehen des Wassers, eine Stadt ist Umgang von Menschen miteinander, Menschenmenge – und in dieser Menge werde ich aufrecht gehen und stehen und mit Namen genannt werden.

Von wem? Von Dem, der mich mit seinen eigenen Händen gemacht hat, befreit hat aus dem Schoß der Erde und dem Naturgeschehen. Er wird mich kennen und nicht vergessen –

eher noch wird eine Mutter ihr Kind vergessen. Er hat meinen Namen in die Flächen Seiner Hand geschrieben.

Menschen – ihre Tage sind wie Gras.
Aber bleiben wird die Liebe Gottes.

Psalm 103

6.

Liebe ist sein Name. Dieser Name läßt jedes Traumgesicht und Gedicht, alle Jenseitsvisionen hinter sich. Bilder und Gleichnisse, Parabeln und Lieder, in denen wir unsere Hoffnung auf ein persönliches Weiterleben-nach-dem-Tod lebendig halten: die darf es geben, denn sie wärmen uns das Herz. Aber sie sind nicht Er selbst. Sie sind «Vorhöfe des Herrn». Er selbst ist in Seinem Namen: «Ich werde da sein, für dich.»

Wann? Jetzt. In allem, was du lebst, überall auf dem Weg von Tagen, den du gehen mußt. In dir selbst und in anderen. In der Liebe, dem Festhalten, der Treue zwischen Menschen in guten und in schlechten Tagen. Und morgen wird wieder Jetzt sein. Wird das einmal aufhören? Gibt es ein Ende für Den, der gesagt hat, daß Er das Werk Seiner Hände niemals fahren läßt? Kommt einmal ein Ende des «Ich werde da sein»?

Ich will Gott nicht als einen unveränderlichen Gott sehen, sondern als ewige Jugend – wie soll man das ausdrücken? Das übersteigt doch unsere Begriffe. Gott ist jeden Augenblick neu. Immer Quell neuer Möglichkeiten. Das gilt im Hinblick auf die Geschichte, das gilt auch, wenn es um das Ende der Geschichte geht, um das Eschaton: Gott bleibt unsere Begegnung. Ich meine, auch wenn wir sterben. Er ist die Perspektive auf ein Leben über den Tod hinaus.

Edward Schillebeeckx

«Auferstehung von den Toten» und «ewiges Leben» sind Umschreibungen dieses Namens. Ihre erste Bedeutung ist: daß Er uns jetzt, in diesem Leben, treu sein wird. Ihre zweite Bedeutung: daß Er uns im Tod noch kennt.

7.

Es ist ein sich hartnäckig haltendes Mißverständnis zu meinen, daß die Worte «Auferstehung und ewiges Leben» sich ausschließlich auf ein Leben-nach-dem-Tod beziehen, auf «meine» persönliche ewige Seligkeit im Jenseits. Noch immer ist die übergroße Mehrheit der Christen in dieser Weise programmiert: «Auferstehung der Toten» bedeutet für sie, daß sie, befreit von ihrer persönlichen Schuld, in Gottes Herrlichkeit eingehen, wenn auch durch ein Fegefeuer hindurch. Und selbst: wer «Auferstehung von den Toten» verstehen sollte als Befreiung der Entrechteten aus ihrer Sklaverei hier auf der Erde, der vergewaltigt das biblische Zeugnis und «politisiert» es.

Aber so ist es nicht. In den biblischen Bildern und Gleichnissen wird nicht unser Jenseits anschaulich dargestellt, sondern unser Leben hier auf der Erde, so wie es sein soll; so wie es nicht ist, noch nicht; aber so, wie es einmal werden muß und sein wird: «In der Wildnis bricht Wasser hervor – blinde Augen werden geöffnet – singen wird die Zunge des Stummen – Tote stehen auf – Arme kriechen hervor aus dem Staub» (Jes 35 / Mt 11). Dies sind Beschreibungen der tiefsten Möglichkeiten unserer menschlichen Existenz auf Erden, Beschreibungen dessen, was wir nicht für möglich hielten – und doch sind sie in uns enthalten. Diese Bilder sind einmal entstanden, weil Menschen «einmal» gemeinsam die Kraft erfahren haben, sie zu verwirklichen, hier, jetzt, mitten in der Zeit, mitten im Tod, sogar gegen den Tod.

Diese Kraft, so lehrt die biblische Geschichte, wird als Lebensatem in unsere Nase geblasen durch den «Ich werde da sein» – «so wurde der Mensch ein lebendes Wesen», als

Lebendiger gleicht er Ihm. Heiliger Lebensatem in uns, heiliger Geist in uns. Gott-in-uns.

«Tiefer in mir bist Du als mein tiefstes Ich – höher als meine höchste Höhe bist Du» schrieb Augustinus.

8.

Die messianischen Befreiungsgeschichten, die wir Evangelien nennen, beschreiben in Bildern und Gleichnissen die Kraft-in-Jesus, den Gott-in-ihm. So leuchtend und sprechend war Gott in ihm, daß er Menschen auferstehen ließ aus ihrer Verblendung, aus ihrem Verstummtsein. So lebendig war Gott in ihm, so viel Liebe, so viel Befreiung, so viel Erbarmen und Treue – alles Göttliche und Ewige Gottes lebte so stark in ihm, daß wir in einer «Unsprache» und unverfrorenen Poesie von ihm, der doch gekreuzigt und begraben wurde, bezeugen, daß er lebt.

In derselben «Unsprache» wagen Menschen, über Jahrhunderte hin, zu sagen, daß das, was Er (der Gott Jesu) in ihnen tut und was sie mit Ihm erleben (hier und jetzt), nicht mehr enden wird. Sie können nicht glauben, daß diese Kraft, dieser heilige Geist, den Er ihnen eingegeben hat, jemals ausgeblasen werden wird. «Wir werden leben mit Ihm», sagen die messianischen Visionen im Alten und Neuen Testament:

Sein unvergänglich Testament:
daß Er uns auch im Tod noch kennt –
die Tage, die wir leben,
auf Tod hin festgeschrieben,
zum ewig Leben hingelenkt.

Lieder über das Jenseits, also doch? Lieder über Ihn, der mich hier und jetzt herausruft aus dem Grab, meine Jugend erneuert, meine Verzweiflung kennt und mich doch festhält.

9.
Wir sprechen über Ihn, der jetzt ist, in der Form der Zukunft: Er wird. «Die Steppe wird blühen. Verbannte kehren wieder. Der Tote wird leben.» Dies sind Umschreibungen des Namens in einer zukünftigen Zeit, um auszudrücken, daß wir in Hoffnung und Wachsamkeit leben sollen, daß es uns geschenkt werden muß, daß wir nicht darüber verfügen können – daß es Gnade ist, Erbarmen. Wir können daher auch besser darüber singen als schweigen. «Über große und erhabene Dinge soll man nicht schweigen, sondern groß und erhaben sprechen» schrieb Eckhart. Singen also.

Singen ist das Ritual schlechthin, mit dem diejenigen, die diesem Namen vertraut haben, begraben werden. Die Beerdigung eines Toten beginnt in Sprachlosigkeit: ein Sarg wird geschleppt, Blumen darauf gelegt, Erde aufgeworfen, zögerndes, etwas betretenes, wortloses Umhertappen, weil man nicht Abschied nehmen kann. In der römisch-katholischen Liturgie wird mit Wasser gesprengt, mit Weihrauch geschwenkt: Zeichen der Ehrerbietung für den Leichnam, den Überrest aus dem Staub der Erde, für diesen einen. Dann wird der Tote noch einmal gesegnet mit dem Namen Gottes, ihm wird zugesungen: «In paradisum deducant te angeli. Mögen Engel dich ins Paradies begleiten» – die Sprachlosigkeit und das Getue bleiben allemal.

Die gesamte Geschichte über den Namen wird dann zusammengefaßt in Worten wie diesen: «daß Er niemals das Werk Seiner Hände fahren läßt» oder in einem Lied mit dem gleichen Tenor. «Niemals». Wie, das weiß kein Mensch. – «Was in keines Menschen Herz gedrungen ist, das hat Gott denen bereitet, die Ihn lieben», sagt Paulus (1 Kor 2,9).

Wir werden kennen,
so wie wir gekannt sind.
Ein neues Leben beginnt.

Viel zu spät habe ich dich liebgewonnen,
Schönheit, was bist du alt, was bist du neu.

Lieder, die nach dem Vorbild und aus dem Material der Prophetenworte gemacht sind und in denen an diesem Namen festgehalten wird, wie es ein Wort des berühmten holländischen Theologen Miskotte sagt: «Der Glaube hält, indem er die Zukunft losläßt, den Gott der Zukunft fest.»